Speak Only of the Moon

A NEW TRANSLATION OF
RUMI

Speak Only of the Moon

A NEW TRANSLATION OF

RUMI

E.D. Blodgett
Manijeh Mannani

GUERNICA
EDITIONS
TORONTO · BUFFALO · LANCASTER (U.K.)
2017

Cover Design by Kourosh Beigpour, K-b-Studio.com
Layout by Sourena Parham, Alefba.us
Guernica Editions Inc.
1569 Heritage Way, Oakville, (ON), Canada L6M 2Z7
2250 Military Road, Tonawanda, N.Y. 14150-6000 U.S.A.
www.guernicaeditions.com

Distributors:
University of Toronto Press Distribution,
5201 Dufferin Street, Toronto (ON), Canada M3H 5T8
Gazelle Book Services, White Cross Mills
High Town, Lancaster LA1 4XS U.K.

Reprint Edition.
Original: Afshar Publishing
First Printing April 2015
Printed in Canada.

Legal Deposit—Third Quarter
Library of Congress Catalog Card Number: 2017932216
Library and Archives Canada Cataloguing in Publication
Jalāl al-Dīn Rūmī, Maulana, 1207-1273, author
Speak only of the moon : a new translation of Rumi / E.D. Blodgett,
Manijeh Mannani.

(Essential translations ; 40)
Text in original Persian and in English translation.
ISBN 978-1-77183-202-1 (softcover)

I. Blodgett, E. D. (Edward Dickinson), 1935-, translator II. Mannani,
Manijeh, 1964-, translator III. Jalāl al-Dīn Rūmī, Maulana, 1207-1273.
Poems. Selections. IV. Jalāl al-Dīn Rūmī, Maulana, 1207-1273. Poems.
Selections. English. V. Title. VI. Series: Essential translations series ; 40

PK6480.E5B56 2017   891'.5511   C2017-900298-8

Acknowledgements

We would like to express our gratitude to Peter Midgley for his close reading of this volume. We would also like to acknowledge the helpful suggestions of Mahmoud Omidsalar. We are equally indebted to Michael Mirolla for his enthusiasm for this collection, to Ziba Toutounchian who translated the introduction to Persian, and to Kara Abdolmaleki who did the transliteration for us. Our special thanks go to Homayoun Akhavansafa for his keen observations throughout the translation process.

For

Dr. Sasha Smiljanic and Irena
and Homayoun

دولت عشق آمد و من دولت پاینده شدم   مرده بدم، زنده شدم، گریه بدم خنده شدم

Dead but alive, laughing after tears,
Yet Fortune came, and Love removed my fears.

("Ghazal 496" 1)

If Love reveals Her Face, take It home.
Should She loosen Her Hair, become Her comb.

("Ghazal 779" 12)

TABLE OF CONTENTS

Amorous Pilgrimage: In Pursuit of the Self[1]

If you bring chains without my Beloved's Locks,
I will tear them apart with all their locks. (*Masnavi* V: 1917)

The impetus behind this book arose from our conviction that we could bring together our individual talents and expertise, one, as an internationally acclaimed poet and professor of Comparative Literature, and the other, myself, as a scholar of Comparative and Persian Literature, to allow the English speaking world know there are other alternatives to read, understand, and enjoy Rumi. Most translated Rumi material is either rigidly accurate and loyal to the original Persian or else completely loose, or one might say, even fraudulent. The first category comprises mostly of the invaluable work of Reynold Allyene Nicholson (1868-1945) and Arthur John Arberry (1905-1969), specialists in Classical Persian Literature and Islamic Mysticism. The second group can follow two different paths: the first group of translators are those Iranians who speak the language, are well read, if not immersed, in Classical Persian Poetry, but who lack the academic training and expertise to undertake a task as daunting as translating one of the most towering figures in Classical

---

[1] "Amorous Pilgrimage: In Pursuit of the Self" is largely based on my article, "The Metaphysics of the Heart in the Sufi Poetry of Rumi," which was published in *Religion & Literature 42.3 in 2010.*

Persian poetry. The second group consists of those like the American academic, Coleman Barks, who do not know Persian, but who claim to have "released" Rumi's poems "from their cages [i.e., A. Arberry's translations]" (Barks 290). It is interesting to note that based on the neo-orientalist discourse, to which most of these works generally subscribe, exotic food recipes comprise a section in Barks' *The Essential Rumi*. Of course, there are some fine, plausible translations of Rumi available, and our hope is that this collection could be considered another. Our method was collaborative. As a native speaker of Persian, I provided a literal, line-by-line translation with notes on versification and arcane expressions, while E.D. Blodgett fit my work into rhymed couplets that corresponded as much as possible to the original. Given the complexities of Persian poetics and the ease of rhyming in that language, this is an enormously difficult, mostly heart-breaking endeavor. Information provided in notes is generally not repeated, which explains why the first poem is so heavily annotated.

The celebrated Persian poet, Jalal al-Din Muhammad Ibn Baha al-Din Muhammad (1212–1273)—known as Rumi in the West and Mowlānā[2] in Iran, in the Persian speaking world, and in Islamic countries—has been one of the most widely read (if not *the* most widely read) poet in North America for at least two decades. After more than eight centuries, the popularity of this mystic poet among both Muslims and non-Muslims has not only not receded, it has in fact greatly increased. According to Gholāmhossein Yusefi, in the West, R.A. Nicholson, A.J. Arberry, and Hegel alone are among the many literary critics and thinkers who have admired Rumi as one of the most influential poets the world has ever seen (210). Numerous scholarly projects and dissertations have been devoted to the study of Rumi's mystical poetry as a result of this popularity. Entertainers too, some as well known as the American singer–songwriter Madonna, have adopted English renditions of Rumi's poetry for their songs and musical performances. One might ask, then, why Rumi is so popular today. Why Rumi? Why not Hafiz, another Persian classical poet, for example, who is also known to the West?

---

[2] I have adopted the Iranian Studies transliteration system. Discrepancies are due to the use of other transliteration systems by different scholars in my exact citations from secondary sources.

The answer to these questions is manifold and should be sought both in the content of Rumi's poems and in his poetic style. We should first consider Rumi the man, the great Sufi master, and what ideas he held that distinguish him from other Sufi masters. When applicable, I draw upon the poems in this collection to elucidate the poet's religion of love. Finally, and most importantly, I will set forth some of the more pronounced characteristics of his poetry which in my mind have made him so well loved by so many.

Like many of his contemporaries and predecessors, Rumi was a Sufi, which means he had a mystical approach to Islam. Sufis believed in *The Quran* and in the teachings of the Prophet Muhammad, but for them the way to salvation could not be dictated by strict clergymen, whose teachings could be inefficiently summarized in religious jurisprudence. Sufis are of the opinion that Islamic Law (*Shari'at*) has to be largely complemented by Islamic Way (*Tariqat*) to help the Seeker (*Sālek*) in his search for Truth (*Haqiqat*). In other words, theory pales before practice, before *living* the way. In William Chittick's words, "…Sufis understand 'Law' or Sharī'ah in its widest sense, as embracing 'knowledge' and all the theoretical teachings of Islam. The 'Way' or Tarīqah is then the method of putting the Law into practice. And the Reality of Haqīqah is the inward states and stations attained by the traveler in his journey to God and in God" (10). Rumi's renunciation of religious formality is deeply rooted in his mistrust of "knowledge," logic, dogma, and reason as the only tools to gain proximity to God and as a means of defining the man–God relationship.

Both religious jurisprudents and Sufis believe in the Law; it is the belief in the necessity "to put the Law into practice" that sets one group apart from the other. It is also "the method of putting the Law into practice" that differentiates different Sufi denominations. All Sufis, however, share the fundamental view that an individual on a spiritual quest should first annihilate his ego (*nafs*) and become selfless. It is only after he has divorced himself from his material needs and the worries of his own existence and the world that the seeker can approach the Divine. Sufis, in general, endorse modesty and simple lifestyles, as echoed in the word

13

Sufi itself. This word originates from Arabic *suf*, meaning wool, for the flat and harsh woolen garments Sufis in all ages are believed to have worn in accordance with their belief in simplicity. Among the many of Rumi's narratives *Masnavi* V: 1892-1918 stands out in conveying the themes of simplicity and modesty. In this narrative, Ayyāz, Sultan Mahmud Ghaznavi's honest, loyal, and well-loved slave is said to have spent a few hours once every month in a room in the Sultan's castle; however, he would always lock the door upon emerging from it and would allow nobody in. Upon hearing the rumor spread by jealous courtiers that Ayyāz kept gold and other riches in the room, the Sultan ordered, albeit quite reluctantly, the room to be inspected. Nothing was found in there but an old ragged coat and a pair of worn out shoes. The Sultan asked Ayyāz to explain the significance of the tattered pieces of clothing and his actions. Ayyāz responded that he had come to the castle to serve the Sultan in those clothes; moreover, he had kept them over the years to be reminded of who he was and whence he had come, and not to become arrogant for the much improved financial and social status he had acquired following the years of service at the court. He explained that visiting the room and observing these items had helped him train and restrain his ego.

The necessity to surpass the demands of the ego is also the subject matter of many ghazals[3] in which the body is compared to a cage, a barred

---

[3] A ghazal is a lyrical poem composed of distiches with a complex rhyme scheme (qāfieh va radif). In the first line of each ghazal (matla'), the two hemistiches rhyme—the rhyming words are referred to as radif. The second hemistiches in all subsequent lines rhyme with the matla'. The rhyme scheme has another component called the qāfieh, the last vowel and letter immediately preceding the rhyming words in the matla' and the second hemistiches throughout the ghazal. The following two distiches from "Ghazal 950" illustrate this structure:

دلا چــون واقــف اســرار گشـــتی   ز جملــه کارهــا بیــکار گشـــتی
همــان ســودایی و دیوانــه میبـــاش   چـرا عاقـل شـدی هشـیار گشـــتی

The length of ghazals varies. Each distich in the poem contributes to the theme of the ghazal, but individual couplets are semantically autonomous. In English, these lines are:
My heart, since all secrets are known to you,
With such knowledge, what are you able to do?

enclosure that has imprisoned the heavenly soul:

> My soul belongs to heaven, of that I'm sure
> Without need for them, my clothes I abjure.
> A bird for whom dust is no heritage
> Not long I'll be within my body's cage. ("Ghazal 1068" 4-5)[4]

Similarly and as emphasized in the same ghazal, Rumi's belief is that our senses derive from our soul, itself originating from the world above.[5] Our body is thus a shell for our soul:

> Who's in the ear that hears what I have sung?
> Who has put the words upon my tongue?
> Who's in my eyes who sees from my eyes the day,
> And which the soul that I but array?
> Until you show me home, what path to seek,
> I will be restless, but I will not speak?" (7-9)

The denial of the body and its needs would eventually lead to a union with the Divine, a union in which it would be difficult to tell the lover and the Beloved apart:

> Why are you looking for what was never far:
> No one's here but you, and that's where you are.
> No need to stay at home to search where He hides.
> Since you are there with Him where He resides. ("Ghazal 1067" 2-3)[6]

In these lines, the idea of transformative unification with God is made

---

You could have stayed crazy and insane.
Why so alert and wise do you remain?

[4] The line numbers refer to the Persian edition of the ghazals.

[5] The similarities between these lines and those of William Wordsworth (1770 - 1850) are striking:

Our birth is but a sleep and a forgetting:
The Soul that rises with us, our life's Star,
Hath had elsewhere its setting,
And cometh from afar:
Not in entire forgetfulness,
 And not in utter nakedness,
But trailing clouds of glory do we come
From God, who is our home:
Heaven lies about us in our infancy! ("Ode on Intimations of Immortality" 59-72)

[6] Pronouns are gender-neutral in the genderless Persian language. Moreover, the Beloved in Sufi poetry is referred to as either a beautiful young woman or an adolescent man with feminine facial features. Based on context, either feminine pronouns (She, Her, and Hers) or masculine pronouns (He, Him, and His) have been used in individual poems in this collection.

visible through the imagery of the addressee and God being one and the only resident of the same house.

Being selfless, as a prerequisite for uniting with the Beloved, means putting one's earthly needs on hold and transforming into "nothing"; once turned into "nothing," no signs will be left behind. This concept is delicately covered in "Ghazal 1073" where the speaker first declares he has no soul because he has dissolved in (the love of) God. Then he continues by observing that he is the soul of all souls because he has become one with God who is the Origin of all souls:

My place is nowhere at all, no sign is mine,
No body no spirit, the soul of all divine. (4)

It is important to note that "nothingness," the mystical concept inherent in these lines, has a specific meaning in Rumi's philosophy. "Nothing" does not mean "absence" or "non-existence" in any absolute sense. Rather, "nothingness" is a realm in which only appearances are not present and where borders disappear:

I am nothing, You know, without You.
Nothingness lives, below it I am through. ("Ghazal 515" 1)

In this interpretation, "nothing" is the Absolute Being (the Beloved) where all appearances originate; in this sense, "nothingness" surpasses all phenomena and becomes superior to all beings and the physical world of appearances.

The idea of becoming selfless is accomplished in several ways. First, by wiping one's heart clean so that it can reflect images as clearly as a mirror is one such analogy:

To see your face in God's face, just
Wipe the mirror clean of all its rust.
Just as the King of Rum, forsaking all lies,
Yourself in yourself within the mirror lies. ("Ghazal 1067" 6-7)

The main idea in these lines, dominated by the imagery of mirrors, is that one's heart must be as immaculate as a mirror to reflect the Divine. In other words, one can see God by looking at his or her reflection in the mirror if the heart has been purged. Another common metaphor in this context is "begging" (for money, food, and material objects), which would bring contempt upon an individual and eventually crush his or her ego:

The beggar's takings, You are the Daylight Fast,
Water and the Jug, refresh me at last. ("Ghazal 22" 6)

Being selfless also implies being attentive and gracious to others. Numerous narratives in the *Masnavi* highlight these virtues, but perhaps none as delicately as *Masnavi* II 1529-1549. These lines are part of a longer narrative that present Hakim (Persian for "sage/wiseman") Loqmān's perceptiveness and amiable nature. According to Rumi, Loqmān's master would never eat anything unless Loqmān, his beloved, faithful slave, would try it first. One day the master was brought a honeydew melon as a gift; he summoned Loqmān to try it. Loqmān started to eat the entire fruit without offering any to his master. At last the master asked to try the last piece himself as it appeared the honeydew was very juicy and sweet. Upon taking it to his mouth, his lips, tongue, and throat started to blister and burn, extremely bitter as the honeydew melon was, and then he lost consciousness. Upon regaining it, he asked Loqmān the reason why he had so patiently and graciously consumed the poisonous fruit. Loqmān responded that it would have been most ungrateful of him to have complained about the bitter fruit because all he had received from his master up till that point in time had been sweetness and generosity.

Finally, being selfless also means being tuned in and responsive to the calls of the Beloved. Interestingly enough, the first poem in the *Masnavi* opens with "The Song of Reed" in which the reed moans because it is separated from its reed-bed:

The song of this pipe is not of wind but fire,
Let any whose heart is not ablaze expire.
Fire has fully taken over the reed,
And wine that from its sway cannot secede. (*Masnavi* 1: 9-10)

Just as the reed-pipe has to be clear and clean inside to produce melodious sounds, so must be the lover if he wants to be heard by the Beloved. Figurative devices of various kinds have been used to highlight this theme of separation from the Beloved. One is the frequent allusion to the dry trunk of a date tree Prophet Muhammad would lean against to give speeches. The tree trunk is personified as whining in many of the poems because after the construction of the Prophet's mosque, He would no longer lean against the date tree:

No more than wood is he who loves the Friend,

And screams from the whining trunk in the end. ("Ghazal 855" 14)

The tree trunk bemoans the separation from the Prophet in the same way that the speaker of the poem (the Sufi) laments the separation from God.

The love of God is the recompense for all the needs the Sufi had once experienced after surrendering himself wholeheartedly to Him. This love, central to all classical Persian Sufi texts, operates on two levels, the literal and the figurative. Although the allegorical treatment of the man–God relationship is not peculiar to Sufi teachings—"The Song of Solomon" in *The Old Testament* is only one of the many (early) lyrical poems in which a double layer of love exists—it is the frequent, subtle, and integral intertwining of earthly and divine love in these texts that make them exceptional. In Sufi literature, sublime love almost always manifests itself in the form of the amorous relationship between two earthly lovers, like Leyli and Majnun ("Ghazal 778"; *Masnavi* I 1-18), who have to overcome various obstacles in order "to be one." The irresistible attraction of the Sublime for the seeker is symbolically conveyed through lines depicting the physical beauty of an earthly beloved, and the pain of separation from the Divine through images that project a yearning lover whose existence is meaningless without Her. Due to the nature of the relationship, profane images and motifs quite often accompany the detailed description of the physical beauty of the beloved. In most Sufi poems, consequently, the lover is depicted as indulging in drinking in a tavern away from the beloved, and being intoxicated has a soothing effect and helps the lover forget the pain of separation. Eventually, it brings the traveler on the path of union with God closer to Him. The proximity itself results in knowledge that is beyond any access or understanding. In "Ghazal 950," the addressee is the lover's heart that could succumb to passiveness and idleness because of the secret disclosed to it. The heart now knows that everything is done through the will of God:

My heart, since all secrets are known to you,

With such knowledge, what are you able to do? (1)

Yet the state of intoxication is not constant, and at times, the Sufi might give in to doubts and mundane thoughts. The oscillation between sobriety and intoxication refers to the contraction and expansion of the soul of the Sufi on his journey of reunion with the Beloved:

You could have stayed crazy and insane.

Why so alert and wise do you remain? ("Ghazal 950" 2)

Yet intoxication and the resulting state of selflessness are so intense that the lover does not even know the place of his origin:

Where are you from?" I asked. He replied with scorn,

In Turkistān and Farghāneh was I born. ("Ghazal 855" 9)

Even worse, the speaker does not know the substance he or she is made of, and is unable to distinguish between strangers, self and kin, naked and alone in a wine shop:

Of water, mud and heart and soul made,

Beaches and pearls my stock-in-trade.

I said, "Befriend me, please, as I am thine."

"Between strangers, self, and kin, I can't draw a line.

I am at the wine-shop, I've lost turban and heart.

I've so many secrets, where shall I start?" ("Ghazal 855" 10-12)

A subtle analogy depicts the same condition in "Ghazal 515" when the speaker cannot discern between two opposite states of being:

Drummer or drummed, let me serve the Sage,

No matter how the colours range,[7] as Her page. (4)

The speaker is so intensely in love, he can identify with both the drummer and the drummed. It should be pointed out that the transformative wine that the Sufi drinks is a precious commodity not everybody can and should appreciate:

You're the inn's gift, wine all you've got,

Leave naught to the sober, not even a jot. ("Ghazal 855" 5)

These accounts and intricate symbolic references " to wine, the cup of wine, the cup-bearer, the tavern, and the drinking companions of the lover are abundant" in Rumi's poetry create a lively and multicoloured world where readers of different cultures and beliefs can take refuge in

---

[7] The range of colours in this line also refers to the different emotional states of the Sufi.

and satisfy their spiritual needs at the same time (Mannani 143). Rumi also "uses many immoral stories in his poems to make spiritual points," as highlighted by Leonard Lewisohn in his interview with Shusha Guppy. These stories and humorous lyrical narratives have the same spiritual function as profane images have, and, by nature, they also serve to defamiliarize blindly accepted ethical points and religious obligations.

All of these characteristics make Rumi's poetry less rigid and dry and more accessible and lively than the poetry of other Sufi masters with the same philosophical preoccupations. The entertaining stories and subtle ideas are, moreover, narrated in a language that speaks to the poet's powerful imagination. Rumi's creative use of metaphors and other figures of speech, his serene tone, genteel diction, vivid and simultaneously unpretentious language, and, finally, lively rhythm all complement the captivating content of his spiritual work. According to many scholars, including Yusefi, no other poet in the canon of Persian poetry has been able to introduce as many varied rhythms as Rumi has (211-214). Rumi's poetry in this sense comes across as not only educational, therapeutic, and sincere but also as entertaining—almost beguiling—and people who do not speak Persian often acknowledge the mesmerizing quality of Rumi's devotional poetry.

Unconventionality, even among the Sufis, characterizes not only Rumi's poetry, but also the story of his life and his lifestyle. Rumi, it is important to note, was highly dedicated to his spiritual master, Shams-e Tabrizi, who helped the poet break away from the confinement of Islamic jurisprudence. Shams[8] was an old wandering dervish from the city of Tabriz[9] whom nobody knew in Konya. He was travelling through the city of Konya when Rumi met him by accident one day. As I have described the encounter in detail in my book, Divine Deviants: The Dialectics of Devotion in the Poetry of Donne and Rumi, "[on this day as Rumi] was walking through [the] bazaar with a group of followers after his daily sermons, Shams stopped him and queried whom he considered to have a

---

8 Shams is also the sun in Arabic.
9 Tabriz is the capital city of the province of East Azerbaijan in Iran.

greater place with God, the Prophet Muhammad or Bāyazid-e Bastāmi, the celebrated mystic and a true seeker of Truth. When [Rumi rebuked] him for the profanity implied by the question, Shams is said to have ridiculed the clergyman and [reproached] him for his shortsightedness. The question that shook [Rumi] was one that had put shari'at face to face with tariqat; the question introduced him into a new realm—one that left man no other choice than to deny himself (his ego) to reach perfection (Zarrin-Kub 108)" (Mannani 22). Throughout Rumi's poetry, there are numerous allusions, such as the following two lines in "Ghazal 950," to this life-changing happenstance: "Why if you wished to be pure as a monk / Did you go down to the bazaar so drunk?" (3).

Before this historic encounter, Rumi was a well-respected clergyman who took his profession very seriously. In William Chittick's words, Shams "transformed him from a sober jurisprudent to an intoxicated celebrant of the mysteries of Divine Love poetry" (3). The self-comparison by the speaker in "Ghazal 855" to "a gypsy" alludes to the care-free and open style lived by gypsies that is also condoned by Rumi following his "transformation":

Who is worse, o, gypsy, plucking your lute?
My magic is lies, compared to your repute. (6)

The reference to gypsies is particularly meaningful because, like Shams, their life-style would not allow them to stay in one place; they were constantly on the road, just like a Sufi is in his search of the Divine. In Sufi poetry, the virtue of not confining oneself to one location and being in a state of constant commotion is also shared by the recurrent imagery of the wind and river, the nature of which is to blow and run.

Rumi's love of Shams manifests itself in their constant companionship, in his almost fanatical attachment to him, in his deep sorrow following Shams' mysterious disappearance from Konya, and in his adoption of his name as both his pen name (see "Ghazal 1020") and as the title of his collection of ghazals, Divān-e Shams-e Tabriz. This relationship is probably one of the most ambiguous in the history of Persian literature and one that continues to be the subject of much analysis and interpretation. As an unorthodox Sufi, Rumi also invented the whirling dance (Samā'), which also accounts for the poet's unorthodox lifestyle. The poet and his Sufi followers viewed the whirling dance as an instrument to help them distance and detach themselves from their material surroundings through rhythmic yet controlled and highly symbolic movements of different body parts. The whirling motion itself is indicative of the first of the five tenets of Islam, i.e., monotheism (towhid) since it implies whatever direction man faces, he will only see God.

The important place the whirling dance and music held in Rumi's life are symbolically captured in many lyrical narratives in his poetry. This overview would be deficient, however, if a few lines would not be devoted to the poet's view about the importance of silence and saying less:

> Speak only of the moon. I am Her slave,
> Alone with the Moon, candles and sugar I crave.
> Speak but not of treasure, say nothing of grief,
> Say nothing: news will bring no relief. ("Ghazal 822" 1-2)

These opening lines and the rhyming words ("say nothing") that run through the remainder of this widely recited ghazal invite the addressee and the readership not to say much. The only discourse tolerable to the speaker is one that is about the moon, the treasure (both references to the Beloved), sugar, and candles. Sugar and candles, through melting and burning and thus dissolving into substances much larger than themselves, are subtle symbolic references to the love between the Sufi and the Beloved that consumes the Sufi. During the act of unification, symbolically candles burn to give light and sugar dissolves to provide sweetness. The importance of silence is also frequently stressed in the analogy made between words, both spoken and written, and dust:

> Once in our alley, silence will arrive.
> All talk as mere dust will arrive. ("Ghazal 188" 8)

Here, dust in speech refers to ambiguity; any type of talking or dialogue, instead of clarifying matters, creates vagueness and distance from Truth. Metaphorically, once one arrives in the alley of the Friend, there would be no need for dialogue because the precondition of a dialogue is the presence of at least two people, which in this case have become one. More words mean more distance from the Truth—a concept also developed in the lines that follow:

Free of desire, I would not go astray.

Once silent, you became my Guide and Way. ("Ghazal 22" 8)

In a related sense, and as portrayed in the following lines, only people who know how to use their inner eyes and ears can see and hear the Beloved and His disciples:

For the blind I do not seem to be found,

For the deaf I never make a sound...

The sea is sense, a ship its rhetoric,

So I can run the ship, please come quick. ("Ghazal 562" 5, 7)

The last two lines emphasize the rhetorical value of words that can only partially capture "sense" as represented by "the sea" in these lines.

Rumi's poetry shows all the characteristics of typical Sufi poetry[10] and more. In his exploration of the theme of love in his poetry, Rumi is the founder and proponent of loving mysticism (*tasavvof-e 'āsheqāneh*) as opposed to pious mysticism (*tasavvof-e zāhedāneh*). According to AbdolKarim Soroush, Rumi and Ahmad Ghazzāli, brother of Abu Hamid, the philosopher and theologian, are the first two mystics credited with having juxtaposed love and Sufism to the most refined degree (34). Whereas basically all other Sufis had been wary of God's omnipotence and had been in awe of his power, Rumi had seen only the smiling face of God. The relationship of an individual in search of Truth and God (the God of righteousness) in most other literary pieces has been compared by Abdolkarim Soroush to a deer that finds itself in front of an awe-inspiring, if not frightening, lion (33). Rumi, in contrast, sees himself immersed in the ocean of God's love and bounty—he is surrounded by the Love of God and cannot see anything but graciousness and love in Him. He has a firm belief in the power and efficiency of love when compared to logic and reason in looking for God and for meaning in life. To him, love is everything; it shapes everything, it gives birth to everything, and it is, paradoxically, the ultimate killer. Numerous ghazals and narratives in the *Masnavi*, such as *Masnavi V 1892-1918,* illustrate a Sufi's acquired wisdom and wise outlook on life as the outcome of the love of God and proximity to the Divine. According to Abdolkarim Soroush, a Sufi's line

---

[10] Sanāii, Attar, and Hafiz are among other prominent Sufi poets in the Classical Persian tradition.

of sight is heavenly. This divine outlook causes the Sufi to view the world differently; thus the interpretation of the events in the world from a Sufi's perspective is wise ('*ālemāneh*) as opposed to layman-like ('*āmiyāneh*). As allegorically captured in this narrative, if we would apply to our eyes the eyewash the Sufis have in theirs, we would be able to see the sea as they see it, and in a sense, we would become the sea itself. The world would suddenly expand right in front of our eyes. Living fully in the world is all about being able to see larger divine whole beneath the thin, superficial layer that everyone sees (Soroush, "Mowlānā and Nature" 25:35-27:28).

It is also very important to note that Rumi's poetry bears a universal message. The message resonates with everyone and speaks to all the core values that mankind cherishes and its dreams of a peaceful and fulfilling existence. It is understood by everyone because it is not directed at any individual religion, culture, or nationality. Rumi himself says very explicitly in one of his poems that he does not see himself as belonging to any specific religion or race:

> Unknown to myself, enlighten me if you can,
> I'm nothing, not even Zoroastrian
> Not Eastern or Western, celestial or of
> The lower world, or objects turning above.
> Not from Bulgaria, China, or Indian,
> Or from Iraqi lands or Khorāsān.
> My place is nowhere at all, no sign is mine,
> No body, no spirit, the soul of all divine.
> ("Ghazal 1073" 1-4)

He believes in the unity and the universality of all religions. Rumi transcends individual religion, in the words of Leonard Lewisohn (Interview), and quite often one reads in Rumi how futile it is to look for God only in mosques. Based on Rumi's worldview, God can be seen everywhere: in mosques, in churches, in synagogues, as well as in taverns.

Rumi's universal message bears the promise of a world in which there is tolerance and respect for all worldviews. In the ideal world Rumi projects in his poetry there is no place for anger or prejudice of any kind, moreover. In our own terms today, he is an anti-fundamentalist in the true sense of the word. He believes in the freedom of thought and expression and in the need to be kind, generous, and forgiving to all that one comes into contact with.

Rumi's contempt for appearance or form (*zāher*) and his insistence to try hard to reach core or meaning (*bāten*) in one's dealings with the world are among his main Sufi teachings. Rumi constantly reminds his readers of the danger of reading the world and its phenomena at the surface level and thus losing the deeper meaning beneath them. The pairings of foam and ocean, picture and painter, and dust and wind (Chittick 21) are just a few of the many metaphors Rumi uses in his poetry to delineate the contrast between secondary causes and the Cause of all causes, God.

Once one is able to discriminate between the real and the fake, the appearance and the essence, one will be able to see that the operative force behind all phenomena is one. This view accounts for Rumi's aversion to multiplicity in spiritual terms. Multiplicity is acceptable to Rumi so long as it leads the spiritual traveler to witness Unity in existence. In other words, multiple and separate existences are manifestations of a Being that unites them all. This contrast between multiplicity and unity is one of the many essential concepts in understanding Rumi's poetry. "Ghazal 22" captures this important philosophical principle of Rumi's belief comprehensively. According to Rumi and other proponents of his school of thought, although objects, events, seasons, the day and the night, the container and the contained, and meaning and words, are all different, and at times opposing concepts on the surface level, they all complement one another and meaningfully point to the direction of the Beloved.

A related principle in Sufism is that God's essence and His attributes ("surface" in the following lines) are the same:

You are essence, surface, carpet and breath,
You are eternity, without death.
Name and letters, words and book—all,
And Gabriel, the prophets ethereal. ("Ghazal 1067" 4-5).

These attributes can sometimes be the opposite of one another, such as being low and high, inferior and superior, plain and complex, un-compound and subtle, but they all apply to the Beloved. The negative manifestations of God's essence do not undermine His glory and are synonymous, in Sufi terms, with His essence because He is believed to be above and beyond all these concepts. Since human beings, with our limited intelligence, can only see the surface level of events and phenomena, there is a tendency to conceive of them erroneously as either positive or negative.[11] Also, the Beloved is "Universal (All) Intellect" as opposed to most human beings who are in possession of "partial intellect." The following lines from "Ghazal 778" demonstrate this point:

Behold the sky and see Her angel's fort.
Gaze at the lights and torches of tower and court.
Here without drum, All Intellect sits,
Only those who have lost their self She admits. (6-7)

As William Chittick has aptly explained, "Only the intellects of the prophets and saints have truly vanquished the ego...In its full radiance... the 'Universal Intellect'...or the 'Intellect of the intellect' [which is God]...can discern the meaning of every form and 'see things as they are.' In the majority of human beings, no matter what sort of great minds they have or how 'intellectual' they may be, the intellect is veiled by the dross of the ego. Such veiled intellects are referred to as 'partial intellects'... (*The Sufi Path of Love*, 35). Similarly, "the name," "the letter," "the words," and "the books" are all important terms with religious connotations that refer to God's attributes, power, and timeless existence.

The precepts of Rumi's universal message are diverse and interconnected, and they are all part of his broad mystical worldview. In this introductory essay, I have only elaborated on some of the less philosophically complicated principles. These mystical doctrines and others are communicated delicately and with much poetic taste through engaging and allegorical narratives in the six volumes of the poet's "spiritual epic," *Masnavi Ma'navi,* usually shortened to the *Masnavi*. [12] Each story in the *Masnavi* is didactic in nature and has several subplots that reiterate the moral of the main story; moreover, the wide "range of the subjects covered in the *Masnavi*, the

---

[11] It is important to note that these opposite states also refer to "the contraction and expansion" of the Sufi's soul or his or her varying emotional states on the path of union with the Beloved.

[12] Masnavi as a common noun is a genre of narrative poetry the literal meaning of which is rhyming hemistiches.

collection's consistent tone, and the stable point of view from which the poems are told have resulted in the classification of Rumi's work as the highest in the canon of Islamic mystical poetry to the extent that some have stated that the *Masnavi* is the Koran in the Persian language" (Mannani116). Rumi's profound understanding of the universe, his views on the place and role of man in it, and the question of man's happiness are among many other weighty topics that are the subject of his lyrical work, his collection of ghazals, *Divān-e Shams-e Tabriz,* usually shortened to the *Divān.* Clarifying the major principles of Rumi's ideology informs the rationale behind the selections in this volume from both the *Masnavi* and the *Divān.* The translations of the ghazals from the *Divān* are based on Muhammad-Reza Shafi'i-Kadkani's edition, and the translations of the excerpts from the *Masnavi,* on Abdolbāqi Golpinārli's edition. "Ghazal 779" encapsulates many of the concepts discussed in this overview; we have thus decided to open the collection with this poem supplemented with clarifying notes.

Works Cited and Consulted

Barks, Coleman. *The Essential Rumi.* New Jersey: Castle Books, 1995.

Chittick, William, C. *The Sufi Path of Love: The Spiritual Teachings of Rumi.* Albany: State University of New York Press, 1983.

Foruzānfar, Badi'ozzamān. *Divān-e Shams-e Tabriz [Kolliyā-e Divān-e Shams].* Tehran: Negāh Press, 1998. 2 vols.

Golpinārli, Abdolbāqi, ed. *The Analysis and Interpretation of Masnavi-ye Sharif [Sharh va nasr-e Masnavi-e Sharif].* Trans. Towfiq H. Sobhāni. Tehran: The Publication Press of the Ministry of Culture and Islamic Guidance, 1995. 3 vols.

Guppy, Shusha. "Heart and Soul." *BBC World Service.* 25 Nov. 2008.

Lewisohn, Leonard. Interview, conducted by Shusha Guppy. "Heart and Soul." *BBC World Service.* 25 Nov. 2008.

Mannani, Manijeh. *Divine Deviants: The Dialectics of Devotion in Donne and Rumi.* New York: Peter Lang Publishing, 2007.

Nicholson, Reynold A. *The Mathnawi of Jalalu'ddin Rumi.* London: The

Cambridge University Press, 1940. 8 vols.

Rumi, Jalal al-Din. *Divān-e Shams-e Tabriz [Kolliyāt-e Divān-e Shams]*. Tehran: Negāh Press, 1998. 2 vols.

___. *The Analysis and Interpretation of Masnavi-ye Sharif.* Ed. Abdol-baqi Golpinārli. Tehran: The Publication Press of the Ministry of Culture and Islamic Guidance, 1995. 3 vols.

___. *Selected Poems from the Divān-e Shams-e Tabriz.* Trans. R.A. Nicholson. Cambridge, New York: Cambridge University Press, 1977.

Shafi'i-Kadkani, Mohammad-Reza. *Shams-e Tabriz's Ghazals [Ghazzaliyāt-e Shams-e Tabriz].* Tehran: Sokhan Press, 2008. 2 vols.

Soroush, Abdolkarim. *Amorous Gambling: Shams and Mowlānā [Qomār-e 'Āsheqāneh: Shams va Mowlānā].* Tehran: Serāt Cultural Institution, 2000.

---. "Mowlānā and Nature [Mowlānā va Tabi'at]". Lecture at Stanford University. 24 May 2011 [3 Khordad 1390]. 25:35-27:28.

Wordsworth, William. "Ode on Intimations of Immortality." The Norton Anthology: Western Literature. Ed. Sarah Lawall. 8th ed. Vol. 2. New York: W.W. Norton & Company, 2006. 700-701.

Yusefi, Gholam-Hossein. *The Bright Fountain: A Meeting with Poets [Cheshmeh-ye Roshan: Didāri bā Shā'erān].* Tehran: 'Elmi Press, 1997. 2 vols.

Zarrin-Kub, Abdol-Hossein. *Step by Step to Meet God [Pelleh Pelleh tā Molāqāt-e Khodā].* Tehran: 'Elmi Press, 1985.

Manijeh Mannani

Ghazal 779

O, lover, go mad,[13] stop being smart,[14]
Be a moth,[15] be a moth, and enter the fire's heart.

Destroy your house,[16] leave yourself behind,
Live with those who are toward love inclined.

Wash yourself a seventh time again,[17]
Then you may the wine of love obtain.

To be all soul you must become the Soul,
Only drunk will you see Him drunk and whole.

Beauty's[18] earring is the friend of Her Face:
Become a pearl[19] if you desire such grace.

Since hearing a lover's tale,[20] your soul soared high,
Become a lover's tale yourself, and die.

You are the night of death:[21] be that desire,
The night when spirits sing in choir.[22]

Think of something,[23] thoughts take you there,
Rise above them, like fate beyond the air.

---

[13] That is, become madly in love.

[14] Stop being self-serving in being smart or cunning; be one with the Beloved.

[15] That is, like a moth that burns in the heart of the flame/fire because of its love of the flame.

[16] The house of your existence that is standing between you and the Beloved.

[17] Ultimate cleanliness was believed to be achieved after being rinsed seven times with water.

[18] That is, the Beloved.

[19] As flawless and genuine as a pearl.

[20] The story of the love of the Beloved.

[21] *Laylat-ol-ghabr: the night when a corpse is buried.*

[22] The night when wishes are granted. There is dispute among Muslims about which night this night is, but most believe it is one of the three nights between the 21st and 23rd of Ramadan (the month of fasting). Thus these three nights are of special importance and all three are observed. During laylat-ol-ghadr (the nights of ghadr), angels, spirits, and Gabriel are said to descend from the world above, according to a Quranic verse.

[23] That is, material things.

Desires bind us—we are never free:
Be the key, be the teeth of the key.

His[24] light plays upon the groaning tree:[25]
You are that wood—begin your moaning plea.[26]

Solomon says: "Listen to the birds' request:[27]
Do not be a trap, become a nest."

If Love reveals Her Face, take It home.
Should She loosen Her Hair, become Her comb.

How long a pawn or a half a rook in size,
How long like a queen move crookedly? Be wise.

Before you gave gracious billet-doux,
Forget the gifts, now the gift is you.

Once the elements[25]you were, and beast,
Then human soul, now be Soul, at least.

You who speak now, you flutter:
Stop speaking sense: give o'er, give o'er.

---

[24] That is, the Prophet Muhammad.
[25] The four elements are earth, water, wind, and fire.

Ghazal 1050

You are my Sultan and my lordly Khedive[26],
You are my heart, the all of what I believe.

Blow Your Breath on me, I will revive.
One life? A hundred times alive.

Without You bread is poison, I am dead,
You are all water and, for me, bread.

Even Your poison is a cure for my soul,
You are the finest sugar, a brimming bowl.

You are my orchard, paradise and grass,
Cedars and smiling flowers You surpass.

You are my King, You are my moon divine,
You are both my ruby and my mine.

I grow silent, You can explain why,
Since You are the only reason why I sigh.

---

[26] That is, Viceroy.

Ghazal 855

We forgot about ourselves, drinking to excess.
How often have I told you to drink less?

No one sober I see all over town,
All of them drunk or worse and falling down.

Come to the inn, your fun will have no end.
O, soul, where is fun without your Friend?

All drunk and all each other surpass,
And every soul's Cupbearer[27] with royal glass.

You're the inn's gift, wine all you've got,
Leave naught to the sober, not even a jot.

Who is worse, o gypsy plucking your lute?
My magic is lies, compared to your repute.

A drunk approached me, as I my home forsook,
Gardens and houses hid in his every look.

Like a ship without anchor he bobbed to and fro,
Both sober and prudent envied his drunken glow.

"Where are you from?" I asked. He replied with scorn,
"In Turkistan and Farghāneh was I born.

Of water, mud and heart and soul made,
Beaches and pearls my stock-in-trade."

I said, "Befriend me, please, as I am thine."
"Between strangers, self, and kin, I can't draw a line.

---

[27] I.e., the Beloved.

I'm at the wine-shop, I've lost turban and heart.
I've so many secrets, where shall I start?"

In the circle of the limping, limping's the rule.
Haven't you heard this at the master's school?

No more than wood is he who loves the Friend,
And screams from the whining trunk in the end.[28]

Divine Light of Tabriz, why so apart
When you have wrought such tumult in every heart?

---

[28] These lines are allusions to the dry trunk of a date tree Prophet Muhammad would lean on to give speeches. The column (tree trunk) is now whining because since the construction of Muhammad's mosque, he is no longer leaning against the column. The tree trunk is moaning the separation from Prophet Muhammad in the same way the speaker (Sufi) is bemoaning the separation from the Divine.

Masnavi I 1-18[29]

Listen to this reed and how it wails
Of going away and other sad tales.[30]

Since they cut it from the other reeds,
Its moaning in men and women forever breeds.

Into one hundred parts divide my heart
That I might share it with those forced apart.

Whoever has been parted from his origin
Looks forward to reunion with his kin.

To find a fellow I sat beside those
Where joy and sorrow both I felt arose.

All became my friend with just a guess,
But none wished to know my heart's distress.

My secret never strayed far from my moan,
But to eyes and ears it remains unknown.

Body and soul between them are revealed
But to no one else is the soul unsealed.

The song of this pipe is not of wind but fire:
Let any whose heart is not ablaze expire.

Fire has fully taken over this reed
And wine that from its sway cannot secede.

---

[29] This excerpt is the opening poem of the first book (of the six books) of the *Masnavi*. Many believe this poem summarizes the entire six volumes and Rumi's mystical worldview. It is dense with puns, alliterations, consonances, internal rhymes as well as literary and religious allusions.

[30] The music of a reed-pipe (rustic musical pipe) is quite sad and depressing. The reed-pipe is a major component of Persian classical music—also very sad and pensive—the lyrics of which frequently originate from Persian classical poetry.

For all who are parted this reed is friend,
Its notes made known are now revealed and penned.

Who knows of better poison and antidote
And better friend than of this reed each note?

The reed speaks of the long, bloody track
And tells of Majnun's love, torture and rack.

Those not drunk on love will never hear
Of wisdom, as stories always descend through the ear.

Deep sorrow through to night holds sway,
Deep sorrow drifts through all the day.

If days are gone, that's fine, let it be so,
You abide, who are as pure as snow.

Of water all but fish have their fill,
Long is the day when hunger is not still.

By children our feelings cannot be heard,
So that's it, I'll say not one more word.

Ghazal 1073

Unknown to myself, enlighten me if You can,
I'm nothing, not even Zoroastrian.[31]

Not Eastern or Western, celestial or of
The lower world, or objects turning above.

Not from Bulgaria, China, or Indian,
Or from Iraqi lands or Khorāsān.

My place is nowhere at all, no sign is mine,
No body, no spirit, the soul of all divine.

Once duality gone, all is one,
One is all I know, I appeal to One.

If ever I breathed, and You were not with me,
I shall suffer grief perpetually.

So high on the world I am, o, Shams of Tabriz,
I only know drunkenness and ease.

---

[31] The literal meaning of this line is: "I am neither Christian, nor Jewish, nor Zoroastrian, nor Muslim."

Ghazal 778

O lovers, lovers, the one who sees Her Face
Will lose of mind and temper all grace,

His business will fail, should he start to look for Her.
A stream of tears upon his face will err.

If he becomes a wobbly wheel like Majnun[32],
Failing, he will have no benison.

Their hearts distressed, She gives but sleepless nights,
Her winking ties the hands of magic sprites.

The rich sell scraps of gold, She beggars kings.
The mighty lion to Her dogs its homage brings.

Behold the sky and see Her angels' fort.
Gaze at the lights and torches of tower and court.

Here without drum, All Intellect sits,
Only those who have lost their self the Intellect admits.

O, moon, you saw Her Face, She made you fair.
O, night, you only think you saw Her Hair.

Where is the back of Her Face? All sides concur.
Sides are earthly. All faces are toward Her.

Faces She makes, She has no Face to see,
Your lot is faces, without simplicity.

The pure heart knows the heavenly song,
Its song the roar of a lion to the face of a fawn.

Love wounded my soul and became a guest,
Thanks to Her Hands and Arms, I am blest.

---

[32] Leyli and Majnun, lovers in Persian Literature, have sometimes been compared to Romeo and Juliet.

I dropped my hands and stopped looking aside,
Before my search started, my search died.

How often I said, "O, heart, from dreaming depart."
When Love sings, nothing helps my heart.

Ghazal 762

At last for me, the Love of my life arrived,
Because of Her my roof and door revived.

I said, "At last You will be here all night,
You who my passion and my reason ignite."

"I must go, I've something to do," She said,
Something in town, I swear this by My Head."

I said, "I swear by God that if You fly,
What there is of me tonight will die.

Is now not the time for You to cast Your Grace
Upon the sallow colour of my face?

Is there no pity in Your lovely Eyes
To dry my eyes and soothe my longing sighs?"

"What can I do, now that fate," She said,
"The whole world's blood in my glass has shed?

Silence! If you cannot from speaking forbear,
This fire of mine will burn the thickets bare.

Save all your words until another day,
So love from Love will not fly away."

Masnavi II 3218-3240[33]

O people, how empty-headed can you be
To show your hearts in saintly company?

Respect is public among the worldly:
From them the Lord withholds divinity.

For men of heart, respect is an inward sign,
Which only they are able to divine.

But you among those who deep in darkness dwell—
Be nice and seize the worldly citadel.

Your manners fail among those who live in light,
And so you are the wood for lust to ignite.

You are not smart, deprived of spiritual grace,
To fool the blind you paint over your face.

Unredeemed, you think that dirt will hide
Your face from seers, exalting in your pride.

...

Only branches can to town be brought—
But bringing gardens and orchards cannot be thought.

But the orchard of which a leaf's the universe,
But, no, it's a seed, the world's a husk or worse.

But if a trip to the orchard makes you sneeze,
Then smell a flower to cure your disease.

---

[33] These lines are part of a longer narrative about a conversation between Abraham and a king who is surprised at Abraham's modest appearance.

The scent will touch your heart and make it rise,
The scent alone becoming the light of your eyes.

…

The five senses together form a whole,
And each descends from the same higher soul.

Each sense depends on every sense
And takes nothing at another's expense.

Seeing gives love the power it must own,
And Love installs honesty on her throne.

All the senses waken through honesty
And so joy and creation join a family.

Ghazal 1068

With one thought, every night I plea,
Why can't I know what's happening to me?

Where am I from, why have I come to this place,
Where am I going, what is my resting-place?

Why I was made is what I need to know,
What was the sense of putting me here below?

My soul belongs to heaven, of that I'm sure,
Without need for them, my clothes[34] I abjure.

A bird for whom dust is no heritage,
Not long I'll be within my body's cage.

Blest the day when to my Friend I fly:
How sweet the air there as I pass by.

Who's in the ear that hears what I have sung?
Who has put the words upon my tongue?

Who's in my eyes who sees from my eyes the day,
And which the soul that I but array?

Until You show me home, what path to seek,
I will be restless, but I will not speak.

Let me taste the wine of union, so
With a groan I might from my prison go.

Not coming or going on my accord, I wait
For my Guide to lead me through my gate.

---

34 1I.e., the body

Do not think I'm sober when I sing,
I cannot speak unless I'm on the wing.

If you reveal Your Face, O Shams of Tabriz,
This corpse-like mold, by God, I'll break with ease.

Ghazal 562

I am that moon that doesn't have a place,
I'm not in the world, I am Your Soul's space.

Everyone calls You to be what they require,
But I call You to follow Your own desire.

Whatever colour I was given to be—
Alluring or bad—would be the same to me.

Sometimes You say that I am faithless and wrong,
So I am when You are absent all along.

For the blind I do not seem to be found,
For the deaf I never make a sound.

Of water and gardens I am what they are,
Of deepest red I am deepest by far.

The sea is sense, a ship its rhetoric,
So I can run the ship, please come quick.

Ghazal 822

Speak only of the moon. I am Her slave,
Alone with the Moon, candles and sugar I crave.

Speak but of Treasure, say nothing of grief,
Say nothing: news will bring no relief.

I went mad, and Love began to expound:
"I'm coming, stay clothed, and live without a sound."

"O, Love," I said, "I fear that other thing."
She said, "There's nothing. Don't fear anything.

I will whisper secrets in your ear.
Don't speak a word: nod *yes* if you hear."

The Moon on the heart's path, a soul She seems:
Keep silent, She's as smooth as dreams.

"What Moon is this?" My heart called to me:
"Be silent. It's too great.   Leave her be."

"Human or angel is the countenance?"
"No, of neither does it have the glance."

"What is it? I will suffer till you say."
"Be silent, or all your pain will stay.

Sitting in this house where plans deceive,[35]
Be silent. You must get up from here and leave."

"O, heart, like God, please a father be."
"Yes, but in His name, silently."

---

[35] This world with which all human beings are occupied.

Masnavi II 1529-1549

From Love's kindness, bitterness grows cold,
Love's sweetness changes copper to gold.

Through Love the murkiest waters clarify,
Through Love there is no disease that does not die.

Through Love the dead all come back from the grave,
Through Love there is no king who's not its slave.

Knowledge leads to love unerringly,
Which those who skim the surface never see.

A little knowledge doesn't show the way
But leads to loving objects made of clay.

Just seeing a favourite colour on a thing
Will make him think his lover's whistling.

Without true knowledge everything's the same:
Lightning, the sun, the stars—it's all flame.

…

Lightning blinks and is soon gone from sight:
Only the pure discern the lasting light.

The lightning laughs. Why, you ask, does it laugh?
Because the impure believe it's their better half.

Light in the sky merely passes away
Unlike the Light that's not of night or day.

Know that lightning is hypnotic light,
But the true Light causes you to be upright.

Riding a horse across the foam of the sea
And reading letters with lightning—can't you see—

Is like ignoring all for the sake of greed
And treating your heart and mind without heed?

The intellect is clear how things conclude,
But *nafs* [36] gazes into incertitude.

---

[36] According to Sufis, *nafs* or ego is the root cause of depravity in mankind.

Ghazal 1067

Everyone searching for God: God is you.
Because He is you, you've nothing left to do.

Why are you looking for what was never far:
No one's here but you, and that's where you are.

No need to stay at home to search where He hides,
Since you are there with Him where He resides.

You are essence, surface, carpet and breath,
You are eternity, without death,

Name and letters, words and book—all,
And Gabriel, the prophets ethereal.

To see your face in God's face, just
Wipe the mirror clean of all its rust.

Just as the King of Rum,[37] forsaking all lies,
Yourself in yourself within the mirror lies.

---

[37] An indefinite region in Asia Minor; scholars are divided, however, who the "King" of Rum is, inasmuch as it can refer to both Rumi and Shams.

Ghazal 1020

O You, our soul, our eyes, who are You?
Envied by moon and heaven, who are You?

Through You, I and my likes are wrecked on brew
Exhausted without You–without us, who are You?

The scorpion's hole is the place without You.
There where You are alone, there who are You?

O, Soul, how do You your souls pursue,
You, the sea's jewel, who are You?

You hold the world, where have You gotten to?
Bodies alone live through You: who are You?

You who shame the sun, what east are You,
You who sweeten venom, who are You?

Without up and down, we turn down through You,
Cause of strife and turmoil, who are You?

King of Shams, Tabriz's glory, who,
When we come near to You, o, who are You?

Ghazal 950

My heart, since all secrets are known to you,
With such knowledge, what are you able to do?

You could have stayed crazy and insane.
Why so alert and wise do you remain?

Why if you wished to be pure as a monk,
Did you go down to the bazaar so drunk?

Sitting in a corner does no good,
After befriending dervishes as you should.

Where you live there is no bar so fine,
Where you fell drunk by just smelling its wine.

Follow this sweet bouquet down to the bar:
Become like it the lightness that you are.

Masnavi II 1500-1510[38]

It's hardly a feat to keep a secret concealed,
But from yourself it's difficult to shield.

But specially hide your work from your own eyes:
Then it will be safe from evil spies.

Yield to the trap of what you think you deserve
And steal unthinkingly from your own reserve.

Opium's applied to ease the smart,
Removing from a wound a painful dart.

At death they heap on sorrow and strife,
And overcome by pain, they take your life.

Whatever you sink yourself into,
Something else is secretly taken from you.

Set your sight upon a higher sphere
Than what will be stolen from you here.

O, steadfast man, all that you procure,
It will be stolen, all you think secure.

When a merchant's goods are thrown at the shore,
He seizes first those that are worth more.

When water seizes all that you possess,
Take the best, leave what you value less.

---

[38] This piece is part of a longer narrative about Hakim Loqmān and his master. The narrative condemns *nafs* as the root cause of depravity in mankind. Some of the motifs in this anecdote are aversion to anger and lust, freedom from being a slave to lust, and being conscious of God's Secrets.

Ghazal 515

I am nothing, You know, without You.
Nothingness lives, fallen below it, I'm through.

Without my Joseph, from sorrow never free,
With weak men and suspicion must I be.[39]

Tied to me, a camel follows forlorn,
In paradise its food will be a thorn.

Drummer or drummed, let me serve the Sage,
No matter how the colours range, as Her page.

I'll teach the bear of your thoughts how to dance,[40]
The motley idols seize and make them prance.

I the silent candle revealing designs.
Think clearly: of thoughts I know their signs.

I will be silent and cross so She will sigh,
"Why so silent and cross? Your idol am I."

---

[39] This couplet refers to the story of Joseph and Jacob in The Quran. Joseph's father is said to have grieved the separation from Joseph following his disappearance at the hands of his brothers.

[40] An expression in Persian that refers to mastering an impossible task.

Ghazal 496

Dead but alive, laughing after tears,
Yet Fortune came, and Love removed my fears.

Brave at heart, my eyes have now seen all.
Bold as a lion, Venus is my soul.

And Love said, "You are not mad enough,"
And so I left, falling into love.

And Love said, "You must rave to enter this place,"
And so I drank with joy to attain grace.

And Love said, "You have not killed yourself with joy,"
And so before Life I fell, myself to destroy.

He said, "You're dreaming, cautious, full of deceit."
Defying the world, I panicked in retreat.

He said, "A flickering Kaaba,[41] you attract the weak."
I am but wafts of smoke, without a clique.

He said, "You are a lord with many votaries."
No lord am I, it's You I seek to please.

He said, "You have your wings, no more for you."
But hoping to have Yours, my wings are through.

Then Fortune spoke: "Don't be so soon downcast,
It was for you My Grace came at last."

And Ancient Love declared: "Don't leave my side."
"Certainly, I won't. I've stayed," I sighed.

---

[41] Kaaba is "The House of God" in Mecca. This holy cuboid building lies at the heart of Islam's most sacred mosque, Masjed-ol-Harām.

You are the Sun, I the willow's shade
In Your Sight, and I a fire of nothing made.

My heart opened, my soul burning renewed,
Weaving new clothes, rejecting the old and rude.

At dawn, the Face of Life cried *aha.*
At once I a donkey, God and Shah.

Always sweet, Your sugar's wrapping gives thanks.
With Him beside me I cannot leave His Flanks.

My soil gives thanks for twisted fate and air,
And His turning sun is light to bear.

Grateful are earth and sky for angels and King,
And through His Grace all gifts I bring.

Seeking God, we travel the most far,
Beyond the heavens, I the bright star.

Ah, Moon, look into us, from You I am
A laughing garden within Your dithyramb.

Be like chessmen, your silence how you sing,
My sole joy in the look of the world's King.

Ghazal 494

From visiting that Friend, back I came:
Look at me, because of my Love I came

Happy, happy, and fully free I came,
Years in thousands passed before I came.

To that place again from which I came
Send me from here, give the refuge that came.

A bird of heaven but soon to earth I came.[42]
Blind to the trap of the world, here I came.

Pure as light and not as dust I came,
No shell, as a pearl fit for kings I came.

Unsealed only to the soul I came.
See me there, unburdened here I came

Unbegotten by earth and sky[43] I came.
A gem in a mine to sojourn here I came.

My nimble, wakeful Friend to the market came,
To take His debt[44] to me to the market I came.

O, Shams, to see the world you never came:
To death, wounded in heart and soul, I came.

---

[42] This line refers to the generally held view among Sufis (and Muslims as well) that we all originate from God.

[43] Earth is one of the four elements (water, wind, earth, and fire). Plants, animals, and human beings came into being as a result of the influence of the sky over the four elements (here earth).

[44] What the Beloved/Friend owes the speaker is proximity/union.

Masnavi II 1465-1484[45]

Once there was a king who approached a sheik
Requesting a small bounty for his sake.

The sheik replied, "Have you no modesty?
How dare you ask such a thing of me?

I have two slaves whom I look down upon,
But these are your lords on whom you fawn."

"Who are they?" asked the king in some distrust.
"One," said the sheik, "is anger; the other, lust."

He reigns who of himself has oversight,
Needing no sun nor moon to give him light.

He whose essence is a treasure pure
Is he whose foe is *nafs*[46]: he will endure.

Loqmān's[47] master is not master at all,
He's a slave, to Loqmān he's in thrall.

In a world where values are not the law
Most believe a pearl's worth a straw.

For them a desert is a paradise,
And names and colours seize them in a vise.

Some people are known simply by how they dress,
A casual robe is lacking in politesse.

---

[45] This piece is part of a longer narrative about Hakim Loqmān and his master. The narrative condemns *nafs* as the root cause of depravity in mankind. Some of the motifs in this anecdote are aversion to anger and lust, freedom from being a slave to lust, and being conscious of God's Secrets.

[46] See previous note.

[47] Loqmān was a perceptive and wise slave after whom a chapter in The *Quran* is named.

Some seem mystics just by their attire
But piety is seen in light and fire.

Let light stand apart from all deceit,
Then people are in themselves complete.

Light enters the heart only through mind—
Then is the heart known, in silence defined.

Only God's elite sees the unseen,
Only in the spirit are hearts seen.

So into dreams light into hearts steals,
And all secrets of life it reveals.

What of a sparrow's body not displayed
Anywhere the falcon might invade?

For him who is privy to what the Lord knows
What would secrets of His creatures disclose?

He for whom walking in spheres is innate—
Would not, walking on earth, change his gait?

Iron to wax was changed in David's palm.
Think, my foe, of wax becoming a psalm.

Ghazal 879

Though the house my darling made her way,
And taking her rebeck she began to play.

Plucking like fire, her playing was divine,
Beautiful and drunk on Zorastrian wine,

Playing Iraqi music[48] in the cupbearer's name,
Just to have wine, the cupbearer just a game.

The beautiful cup-bearing friend holding a jug,
Slipped from a corner, placing it on a rug.

Into a glass the glowing wine she pours:
Behold how the liquid fire soars!

She as one who would all secrets distill,
Offered the wine, and prayed and kissed the sill.

My darling then drank without leaving a trace,
The flames of the wine flowing over her face.

Her beauty spoke to all with a bad eye:
"Never has there been one such as I!"

---

[48] One of the many musical modal systems in traditional Persian music.

Ghazal 675

Your love brought the pain that's in my heart.
I said, "No wine." And He: "Drink for my heart."

This is it, the true wine of the heart:
Bitter, sweet, and loyal like my heart.

From beyond, He[49] entered my drunken heart,
And running to Him, I begged Him test my heart.

Said He, "Veil yourself, show not your heart,"
Thanking God for the glory of my heart.

Said I, "Not so, I cannot hide my heart,
My love for You cannot be concealed in my heart."

Heroic Rostam[50] could not hide his heart,
Mount Uhud[51] exploded, alas, and so my heart.

Hail the King, swift in the tent of my heart,
Freely opening the frock of my heart.

He'd say, "Without Me you're depressed at heart.
Approach and feel now the breath of My Heart.

I'd say, "Here's Your slave, have You no heart?
Who but You knows how to open my heart?"

And: "All must suffer for You, but to cure the heart
You are my cure, the only cure for my heart."

---

[49] The reference is to Gabriel.

[50] Rostam, the protagonist in Hakim Abolghāsem Ferdowsi's epic masterpiece, *The Book of Kings*, is the ultimate warrior and hero who defended Iran until his last breath.

[51] Mount Uhud is a mountain in north of Medina in Saudi Arabia. Prophet Muhammad and his followers fought against Abu Sufyan, the leader of the Quraish tribe of Mecca, at this site.

All fruits bear witness to His Heart.
Weeping and jaundiced, these witness my heart.

Ghazal 545

We are but strangers today, Beloved Moon,
Too drunk to find our way back home soon.

For Love, the weight of wisdom we laid down
To be what we now are, crazy as a clown.

In gardens nothing appears but Your Face,
As for branches, only drunken disgrace.

It's said that "into this trap seeds were sown."
In my Beloved's trap no seeds are known.

Our formulaic words appear a spell,
Yet from our hearts all magic we expel.

A comb, our heart entered Your Hair just so.
From selflessness, no difference we could know.

Give more wine but do not tally it up,
Thinking of You the wine is lost in the cup.

Masnavi II 303-323[52]

A goldsmith's tool held in a cobbler's hand
Is like a seed that has been sown in sand.

And a cobbler's tool for farmers to pick up
Is just as good as bones where donkeys sup.

"I am Truth," on Mansur's[53] lips was light,
"I am God," on Pharaoh's lips was night.

The rod in Moses's hand signifies Trust,
The rod in the magician's hand is dust.

So Jesus never taught his companion
The true Name of his Lord and Sovereign.

They blame their tools, the ignorant in the dark,
Who strike on clay and hope to get a spark.

Hand and tool are like iron and stone,
For birth there must be pairs—never alone.

With neither pair nor tool, Truth is one,
In numbers one can doubt, but not in the One.

---

[52] This piece is part of a long narrative that highlights the importance of self-awareness; good thoughts; homogeneity; and unity and uniformity as well the negative impacts of hypocrisy and two-facedness; holding grudges; and harboring impure thoughts. As Golpinārli indicates in the footnote to the poem, the narrative had initially appeared in Attar's *Elāhi-nameh*. Based on this chronicle, a person once approached Jesus and urged him to teach him God's grand Name; Jesus finally gave in despite telling him emphatically that not everyone is deserving and mentally equipped to learn this Name. One day that man came across a pile of bones at the bottom of a pit in a desert; to test the veracity of the power he thought he possessed and to restore the bones, he said God's grand Name. The bones were revived; they took the shape of a lion which then attacked the man, tore him apart, and consumed him discarding his bones (541).

[53] Mansur-e Hallāj, the 9th-century Persian Sufi was tortured and executed on the charge of blasphemy and for his famous line "I am God."

Those who say two or three or none,
They are all one about the One,

Seeing clearly, they will account for one,
Saying two and three, they will say One.

On God's polo-field you're the ball,
Each time He strikes it, into the circle you fall.

The ball flies straight, following His Command,
Rising to dance because of the King's Hand.

Watch! Even for the blind it's clear,
All is known through the attentive ear.

Pure words for the blind are too bright,
And they return to the origin, the Light.

Crooked hearts the demon artfully woos
Like crooked feet that don crooked shoes.

Although Wisdom were all you possessed and knew,
If your heart was crooked, Wisdom would flee from you.

Even if you marked it as something to tout,
Writing it down as something to brag about,

Wisdom will fly, you are so obstinate,
All her bonds she'll break and leave you yet.

Not seeking knowledge, Wisdom will see how you yearned,
It'll slip into your hand like a bird unconcerned.

It will leave unless you're handy, endowed with skill,
Like a peacock from a peasant's sill.

Ghazal 230

Die and die again in what you are
And love: and dead you will live in all you are.

Die, o die, there is nothing to fear,
Earth will fall away, heaven appear.

Die, o die, and live without I
And from your prison bonds begin to fly.

Seize your axe and smash the dungeon wall
And once free you will be kings all.

Die, o die, in the beauty of the Lord,
And dying for Him will make you all adored.

Die, o die, come out from under the cloud
And like the moon shine without a shroud.

Try silence, since silence seems death
But death where I laments is living breath.

Ghazal 188

Splash water on the road,[54] the Beloved will arrive.
Tell the garden the good news, spring will arrive!

Clear the road, the Full Moon will arrive.
To us from Her glowing Face light will arrive.

The sky splits apart, uproar will arrive.
Perfume everywhere, the Friend will arrive.

The garden is full, light and hope will arrive.
Sorrow recedes, Beauty for me will arrive.

On target the arrow flies smoothly, it will arrive.
Why are we sitting? The King from the hunt will arrive.

The garden will greet, cedars high up will arrive.
Grass on foot, a rose on a horse will arrive.

High on wine, skyfolk will arrive.
The mind and soul inebriate will arrive.

Once in our alley, silence will arrive.
All talk as mere dust will arrive.

---

[54] Iranians splash water on roads both to welcome someone (who has been gone for a long time) and to bid them farewell and wish them a safe trip (when they are going to be away for a long time).

Ghazal 123

Where is He who sober makes me high?
Where, taking the space I occupy?

Where is He whose Name I used to swear?
He who forced my promise to forswear?

He whom my desire calls till day—
He from whom I'm parted and gone away.

He is all life and nowhere found,
Who wants to be in us but has no ground.[55]

Fancy entered, the heart's curtain closed.
Where is He who left my heart enclosed?

Logic, when the mind's inebriated, fails.
But he, who is high, over logic prevails.

[55] These lines mean that one's soul, like the Beloved it represents, does not occupy a (physical) space and cannot be found or seen anywhere; therefore, there should be no ambiguity around the fact that the Beloved who is the soul's Soul does not occupy a physical space and cannot be seen.

Masnavi III 1259-1275

An elephant was brought in a dark room:
Hindus brought it to gaze at in the gloom.

And so many came for it to be seen
To try in the dark the sense of it to glean.

Since they could not see it with their eyes,
They tried with their palms the beast to visualize.

The one who fumbled with his lengthy nose
Fancied he had fallen on a hose.

Those who felt around its ears began
To think that they had stumbled on a fan.

Those who came upon a leg were sure
This was a kind of column, nothing more.

The one whose hand touched its back alone
Declared the elephant to be a throne.

Anyone who heard of what was known
Were sure of hose, fan, post, or throne.

Their different guesses forced them to disagree,
And one would call it "A," another "D."

If each had held a candle by his side,
All disagreement must soon subside.

The eye of sense is like the palm, it can't
Grasp at once all the elephant.

Foam is one thing, another the eye of the Sea:
Leave the foam, with the eye of the Sea *see*.

Day and night there are flecks of foam on the Sea:
All you see is the foam and not the Sea.

We dash against each other just like boats,
Though in clear water, eyes filled with motes.

Though fallen asleep inside the body's boat,
Having seen water, the Water's water note.

Water has a Water driving it,
and spirit a Spirit calling out to it.

Ghazal 22

I suffer from love, I need a friend and a Cave,[56]
You are the Friend and Cave: keep me brave.

You are Conqueror and Conquered, Noah and Life,
Your Heart is open, mine with secrets rife.

You are the State triumphant, Feast and Light,
The Bird of Mt. Sinai, I in Your Beak held tight.

You are Water, the Sea, Forbearance, great at war,
You are Sugar, Poison--torture me no more.

From You the sun comes, the Evening Star,
The Garden of Hope: o leave Your Door ajar.

The beggar's takings, You are the Daylight Fast,
Water and the Jug, refresh me at last.

You are Wine and glass, the trap and the bird-seed,
Mellow and raw, don't leave me in my need.

Free of desire, I would not go astray.
Once silent, You became my Guide and Way.

---

[56] The allusion is to Cave Hira in the Jabal-al-Nur Mountain where Prophet Muhammad is said to have been visited by the angel Gabriel who revealed to him a verse from the Quran.

Masnavi V 1894-1918

Since I've lost the roots of sanity,
What care I for rhyme and poetry?

Among my sorrows, insanity overcomes me,
Insanity heaped upon insanity.

I've read the signs, my body's melted away.
Deathlessness abides in death's sway.

Reduced as I am to a thin strand of hair,
Ayyāz, my love, tell of my love's care.

The legend of your love I've read through,
So I am a legend: read it too.

O, wise one, but you in fact are reading, not I,
Moses, our talk is echo, but I'm Sinai.

The mountain knows not what songs it might repress,
Only Moses knows its emptiness.

The mountain knows but what its limit reveals,
The body but little of what the soul feels.

The body an astrolabe[57] reading the sky,
For them that seek the spirit-sun on high.

.....

No astrolabe finds Truth for any soul,
Its sky and sun will never it console.

---

[57] An instrument used primarily by astronomers and sailors to determine the positions of the sun and other heavenly bodies.

Who sees the world through the astrolabe of the eye,
Sees nothing he might wish to dignify.

So myopic you are only the world you see,
Why twist your moustache so boastfully?

Sufis have an eyewash, try it and see
Your body like a creek will now become a sea.

If an ounce of intelligence stayed with me,
Why do I suffer this insanity?

But if there's nothing left inside my brain,
It's not my fault if madness is my bane.

No, He's at fault who stole thinking away,
The wise cannot stand in the light of His Day.

O You who shelter the mind and make it roam,
You are the mind's shelter, You its home.

I have no need of reason since going insane.
Since You adorned me, all other beauty's plain.

Is this madness for Your love without offence?
Say yes, and may you find your recompense.

If Arabic and Farsi are what He speaks,
Who would have the sense to know what He seeks?

His wine does not every intellect cheer,
Nor do His earrings fit just any ear.

Once again I've come like all the insane.
Go forth, o soul, and fetch another chain!

If you bring chains without my Beloved's Locks,
I will tear them apart with all their locks.

غیر قمر هیچ مگو

غیر قمر هیچ مگو

ای. دی. بلاجت
منیژه منّانی

انتشارات افشار
سانتامونیکا، ۲۰۱۴

فهرست مطالب

سلوک عاشقانه: در جستجوی خویشتن[1]

غیـر آن زنجیـر زلـف دلبـرم   گـر دو صد زنجیر آری، بردرم

(دفتر پنجم مثنوی ۱۹۱۷)

هدف از همکاری من و ای. دی. بلاجت (E.D.Blodgett) در ترجمه
گزیده اشعار مولانا، ارائه گزینه‌ای جدید و متفاوت به منظور خوانش و
درک عمیق‌تر این اشعار به زبان انگلیسی است. اکثر آثار ترجمه شده
مولانا، به دلیل وفاداری به متن فارسی، خشک و بی روح می‌باشند و یا
برگردانی هستند کاملاً آزاد و حتی می‌توان گفت، گمراه‌کننده. دسته اوّل
دربرگیرنده اثر ارزشمند رینولد آلین نیکلسون (Reynold AllyeneNichol-

---

۱ ـ "سلوک عاشقانه: در جستجوی خویشتن" عمدتاً بر پایه مقاله من با عنوان "متافیزیک دل
در شعر صوفیانه مولانا" قرار دارد که در سال ۲۰۱۰ در مجلّه دین و ادبیّات ۴۲۰۳ به چاپ
رسید.

وآرتور جان آربری (Arthur John Arberry, 1905-1969) یعنی کارشناسان ادبیّات کلاسیک فارسی و تصوّف اسلامی می‌باشد. دسته دوم را می‌توان به دو گروه تقسیم کرد: گروه اوّل از مترجمین فارسی زبانانی هستند که در زمینه شعر کلاسیک فارسی مطالعه گسترده‌ای دارند ولی فاقد تسلّط لازم برای انجام کاری جسورانه در حد ترجمه آثاری یکی از قلّه‌های شعر کلاسیک فارسی می‌باشند. دسته دوّم شامل افرادی مانند ادیب آمریکایی کولمن بارکس (Coleman Barks) می‌باشد که گرچه فارسی نمی‌دانند اما مدّعی‌اند اشعار مولوی را از قفس (یعنی ترجمه‌های آ. آربری) "آزاد" کرده‌اند (بارکس ۲۹۰). البتّه ترجمه‌های قابل ستایشی هم از مولوی در دسترس است و ما امیدواریم مجموعه حاضر همچنین جایگاهی بیابد. ما، به عنوان مترجمین کتاب، تشریک مساعی کردیم. من، به‌عنوان یک فارسی زبان، ترجمه تحت اللفظی و خط به خط اشعار و توضیح معانی مستورآنها را همراه با پاورقی‌هایی بر قافیه پردازی‌ها بر عهده گرفتم و ای. دی. بلاجت کار مرا به ابیات موزونی تبدیل کرد که تا حد امکان با متن اصلی مطابقت داشت. با در نظر گرفتن پیچیدگی‌های شعر فارسی و سهولت موزون‌سازی در این زبان، این کار بسیار مشکل و اغلب تلاشی مأیوس کننده بود.

شاعر برجسته، جلال‌الدّین محمّد بن بها الدّین محمّد (۱۲۷۳–۱۲۱۲)— که در دنیای غرب به رومی و در ایران، جهان فارسی زبان و کشورهای اسلامی به مولانا[۲] شهرت دارد—طی دو دهه اخیر در آمریکای شمالی یکی از پر خواننده‌ترین (اگر نگوییم تنها شاعر پر خواننده) بوده است. پس از بیش از هشت قرن، نه تنها شهرت این شاعر صوفی در میان مسلمانان و

---

۲ ـ من از سیستم نویسه گردانی مطالعات ایرانی استفاده کرده‌ام. ناهماهنگی‌ها مربوط به استفاده محقّقین مختلف از دیگر سیستم‌های نویسه گردانی است که در نقل قول‌های دقیق من از منابع فرعی آمده است.

غیر مسلمانان کاهش نیافته، بلکه افزایش چشمگیری هم داشته است. به گفته غلامحسین یوسفی، در جهان غرب آر. آ. نیکلسون، آ. جی. آربری و هگل (Hegel) از جمله متفکرین و منتقدین ادبی هستند که مولانا را به عنوان یکی از پرنفوذترین شاعرانی می‌شناسند که جهان به خود دیده است (۲۱۰). در نتیجه این شهرت، مقالات و رساله‌های پژوهشی بی شماری به بررسی اشعار عرفانی مولانا اختصاص یافته‌اند. برخی هنرمندان هم، مانند خواننده و ترانه سرای معروف آمریکایی، مادونا، از ترجمه انگلیسی اشعار مولانا برای آهنگها و ترانه‌های خود بهره برده‌اند. ممکن است این سوال پیش بیاید که چرا امروزه مولانا تا به این حد شهرت دارد؟ چرا مولانا؟ چرا حافظ، که دیگر چهره شناخته شده شعر کلاسیک فارسی در غرب است، چنین آوازه‌ای ندارد؟

از چند زاویه می‌توان به این سوال نگریست و لازم است پاسخ را هم در مضمون اشعار مولانا و هم در فنّ شاعرانه او جستجو کرد. اوّلا، باید دید کدام عقاید مولانا او را از دیگر بزرگان صوفی متمایز کرده است. بدین منظور در مواردی که امکان پذیر بوده، برای شفاف سازی کیش عاشقانه شاعر، اشعار مرتبطی را برگزیده‌ام. در وهله دوّم باید ویژگی‌های برجسته نظم مولانا که باعث شهرت گسترده او شده‌اند در نظر گرفته شوند.

مولانا نیز مانند بسیاری از هم عصران و پیشینیان خود یک صوفی بود. بدین معنا که رویکردی صوفیانه به اسلام داشت. صوفیان به قرآن و آموزه‌های محمّد پیامبر ایمان داشتند ولی از دید آنان، راه رستگاری با آنچه روحانیّون متعصّب در قالب فقه اسلامی دیکته می‌کردند مغایرت داشت.

آنها معتقد بودند که قانون اسلامی (شریعت) باید کاملا در کنار مسلک (طریقت) قرار گیرد تا در جستجوی راستی (حقیقت) راهگشای

جوینده (سالک) باشد. بعبارت دیگر، به زعم اینان اصول نظری در برابر عمل رنگ می‌بازند. به گفته ویلیام چیتیک (William Chittick)، "... صوفیان 'قانون اسلامی' یا شریعت را به مفهوم گسترده آن، یعنی دربرگیرنده 'علم' و همه آموزه‌های نظری اسلام درک می‌کنند. پس 'مسلک' یا طریقت، به معنای شیوه جامه عمل پوشاندن به قانون خواهد بود. و حقیقت همان حالات درونی و مقاماتی است که سالک در سفر به سوی خدا و در خدا بدان نایل می‌شود"(۱۰). نفی تشریفات مذهبی از سوی مولانا در بدگمانی وی به علم، منطق، اصول عقاید و استدلال به عنوان تنها ابزار تقرّب به خدا و توصیف رابطه خدا و انسان ریشه دارد.

هم کارشناسان مذهبی و هم صوفیان به قانون معتقدند. اعتقاد به لزوم اجرای قانون است که گروهی را از دیگری متمایز می‌کند. همچنین شیوه به اجرا درآوردن قانون در فرقه‌های مختلف تصوّف با هم متفاوت است. امّا همه صوفیان در این اصل اساسی متّفق‌القول‌اند که سالک باید اوّل من (نفس) خود را از بین برده و بی خود شود. تنها پس از جدایی از امیال دنیوی و فراغت از دغدغه‌های زندگی است که سالک می‌تواند به خداوند نزدیک شود. صوفیان به طور کلّی، همانگونه که در کلمه صوفی متجلّی است، ساده زندگی می‌کنند و فروتن هستند. این کلمه از واژه عربی صوف به معنی پشم گرفته شده که به جامه‌ای ساده، خشن و پشمی اشاره دارد که صوفیان در همه ادوار به دلیل باور خود به سادگی برتر می‌کرده‌اند. درمیان حکایات مختلف مولانا، خطوط ۱۹۱۸ـ۱۸۹۲ دفتر پنجم مفهوم سادگی و خضوع را متمایز می‌سازند. در این حکایت، ایاز، غلام درستکار، وفادار و محبوب سلطان محمود غزنوی، هر ماه چند ساعتی را در اتاقی در قصر سلطان بسر می‌برد ولی هر بار پس از خروج از اتاق، در

آن را قفل کرده و کسی را به داخل راه نمی‌داد. سلطان، پس از شنیدن شایعاتی از زبان درباریان حسود مبنی بر پنهان کردن طلا و جواهرات در اتاق به دست ایاز، هر چند با بی میلی، دستور بازرسی اتاق را صادر کرد. در پایان چیزی یافت نشد مگر یک کت ژنده و یک جفت کفش کهنه. سلطان از ایاز خواست که علّت نگاهداری البسه کهنه و کارهای خود را توضیح دهد. ایاز اظهار داشت که به هنگام آغاز خدمت در قصر، آن لباس‌ها را بر تن داشته و طی سالیان آنها را حفظ کرده تا همواره به یاد داشته باشد که چه کسی بوده و از کجا آمده تا به این ترتیب از بهبود وضع مالی خود پس از سال‌ها خدمت در قصر دچار غرور نشود. او اضافه می‌کند آمدن به این اتاق و مشاهده البسه کهنه به او در تربیت و مهار نفسش کمک فراوانی کرده است.

لزوم غلبه بر نیازهای نفسانی موضوع بسیاری از غزلیّات هم می‌باشد.[3] در این اشعار، بدن (کالبد) به یک قفس یعنی فضای محصوری تشبیه شده که روح آسمانی را در خود زندانی کرده است:

---

[3] ـ غزل نوعی شعر غنایی است که از ابیاتی با ترتیب قوافی پیچیده تشکیل شده است. در بیت اول هر غزل (مطلع)، هر دو مصراع موزون‌ند ـ این لغات موزون ردیف نام دارند. مصراع‌های دوم در همه ابیات بعد با مطلع هم قافیه‌اند. ترتیب قوافی دارای جزء دیگری به نام قافیه است که به معنای هجایی است که درست قبل از لغات موزون در مطلع و مصراع‌های دوم در سراسر غزل می‌آید.

دو بیت زیر از "غزل ۹۵۰"، این ساختار را نشان می‌دهد:

ز جمله کارها بیکار گشتی	دلا چو واقف اسرار گشتی
چرا عاقل شدی هشیار گشتی	همان سودایی و دیوانه میباش

تعداد ابیات هر غزل متفاوت است. هر یک از ابیات با مضمون غزل مرتبط است ولی ابیات جداگانه دارای بار معنایی مستقل هستند.

جان که از عالم علوی ست، یقین می دانم   رخت خود باز بر آنم که همانجا فکنم

مرغ باغ ملکوتم، نیم از عالم خاک   دو سه روزی قفسی ساخته اند از بدنم

("غزل ۱۰۶۸" ۵-۴)[۴]

به همین ترتیب در این غزل، مولانا اظهار می دارد که همانگونه که حواس ما از روح نشأت می گیرد، سرچشمه روح هم از جهان بالاست.[۵] بعبارت دیگر، جسم ما پوسته ای (کالبدی) است که روحمان را احاطه کرده است:

کیست در گوش که او می شنود آوازم؟   یا کدامست سخن می نهد اندر دهنم؟

کیست در دیده که از دیده برون می نگرد؟   یا چه جان است، نگوئی، که منش پیرهنم؟

تا به تحقیق مرا منزل و ره ننمایی   یک دم آرام نگیرم نفسی دم نزنم (۹-۷)

۴_ شماره ابیات به ویرایش فارسی غزل ها اشاره دارد.

۵_ تشابه این ابیات با ابیات ویلیام وردزورث (William Wordsworth, 1770-1850) قابل اعتناست:

Our birth is but a sleep and a forgetting

The Soul that rises with us, our life's Star,

Hath had elsewhere its setting,

And cometh from afar:

Not in entire forgetfulness,

And not in utter nakedness,

But trailing clouds of glory do we come

From God, who is our home:

Heaven lies about us in our infancy! ("Ode on Intimations of Immortality" 59-72)

انکار جسم و نیازهای آن نهایتاً به وحدت با الوهیّت منجر می‌شود، وحدتی که در آن به سختی می‌توان عاشق و معشوق را از هم تشخیص داد:

چیزی که نکرده دیدگم از بهر چه جویید؟   کس غیر شمانیست، کجایید، کجایید؟

در خانه نشینید و مگردید به هر در   زیرا که شما خانه و هم خانه خدایید

("غزل ۱۰۶۷" ۳ـ۲)[6]

در این ابیات، تحوّلی که در شخص سالک رخ می‌دهد و نهایتاً به وحدت او با خدا می‌انجامد، از طریق تصویر خیال یکی شدن مخاطب و خدا بعنوان ساکنین واحد یک خانه متجلّی می‌شود.

بی خود شدن، به عنوان شرط اصلی وحدت با معشوق الهی، به معنای پشت پا زدن به نیازهای جسمانی و هیچ شدن است. این مفهوم با ظرافت در"غزل ۱۰۷۳" بیان شده:

نشانم بی نشان باشد، مکانم بی مکان باشد   نه تن باشد نه جان باشد، که من از جان جانانم(۴)

باید توجه داشت که عدم، یعنی مفهوم اصلی صوفیانه در این ابیات، در فلسفه مولانا معنای خاصی دارد. عدم به معنای غیبت یا نیستی نمی‌باشد. بلکه عدم قلمرویی است که در آن تنها نمودها (ظواهر) حضور ندارند و موانع از بین رفته‌اند:

تو خود دانی که من بی تو عدم باشم عدم باشم   عدم خود قابل هست است از آن هم نیز کم باشم

("غزل ۵۱۵" ۱)

۶ـ ضمایر در زبان بدون جنسیّت فارسی خنثی هستند. بعلاوه، معشوق در شعر صوفیانه یا به صورت یک زن جوان و زیبا وصف می‌شود یا یک مرد جوان با چهره‌ای زنانه. در برگردان اشعار به زبان انگلیسی در این مجموعه، به اقتضای متن، از ضمایر مؤنّث و یا مذکّر استفاده شده است.

در این ترجمه، عدم عبارتست از هستی مطلق (معشوق الهی)که همه نمودها (ظواهر) ازآن سرچشمه می‌گیرند. به این معناکه عدم ازهمه پدیده‌ها بالاتر و از همه موجودات و دنیای مادی و ظواهر برتر است.

به طرق مختلف می‌توان به از خود بیخودی دست یافت. در وهله اوّل، با تزکیه قلبی به طوری که دل بتواند همانند یک آینه تصاویر را در خود بنمایاند. چنین قیاسی را در این شعر مشاهده می‌کنیم:

خواهید ببینید رخ اندر رخ معشوق   زنگار ز آیینه به صیقل بزدایید

تابودکه همچون شه رومی به حقیقت   خود را به خود از قوّت آیینه نمایید

("غزل ۱۰۶۷" ۷ـ۶)

این ابیات که استعاره آیینه در آنها غالب است، اساساً به این نکته اشاره دارند که قلب فرد برای انعکاس الوهیّت باید مانند یک آینه صاف و روشن باشد. بعبارت دیگر، اگر قلب شخص تطهیر شود، می‌تواند با دیدن خویش در آیینه، خدا را ببیند. استعاره دیگری که در این متن آمده، تکدّی (برای پول، غذا و مادیّات) است که منجر به تحقیر فرد شده و در نهایت منیّت او را از بین می‌برد:

روز تویی، روزه تویی، حاصل دریوزه تویی   آب تویی، کوزه تویی، آب ده این بار مرا

("غزل ۲۲" ۶)

همچنین، بی خود بودن به مفهوم رأفت و مهربانی با دیگران است. حکایات متعدّدی در مثنوی بر این خصوصیّات تاکید دارند ولی احتمالاً هیچکدام به اندازه ابیات ۱۵۴۹ ـ ۱۵۲۹ در دفتر دوّم مثنوی با ظرافت به این نکته نپرداخته‌اند. این ابیات بخشی از یک حکایت طولانی‌تر می‌باشند که داستان لقمان حکیم و درایت و مهربانی او را بیان می‌کند.

به گفته مولانا، ارباب لقمان هرگز چیزی نمی‌خورد مگر آن که ابتدا
لقمان، برده وفادار و محبوبش، آن را چشیده باشد. روزی برای ارباب
یک خربزه به عنوان هدیه آوردند. ارباب لقمان را صدا زد تا خربزه
را امتحان کند. لقمان بدون هیچگونه تعارفی به ارباب همه میوه را
بلعید. تا این که ارباب خواست که تکه آخر میوه را خودش بخورد،
چرا که خربزه بسیار شیرین و آبدار به نظر می‌رسید. ولی به محض
خوردن میوه، از شدّت تلخی لبها وگلویش سوخت و تاول زد و سپس
بیهوش شد. وقتی به هوش آمد، از لقمان علّت آن همه میل و اشتها را
در خوردن میوه زهر آلود سوال کرد. لقمان پاسخ داد شکایت از تلخی
میوه نهایت ناسپاسی می‌بود چون تا آن زمان جز شیرینی و سخاوت از
اربابش ندیده بود.

و بالاخره باید اشاره شود که بی خود شدن به معنای هماهنگی و
پاسخگویی به ندای معشوق الهی نیز هست. جالب این جاست که اوّلین
شعر مثنوی "نای نی" نام دارد که در آن نی از جدایی از نیستان شکوه
می‌کند:

آتشست این بانگ نای و نیست باد   هر که این آتش ندارد نیست باد
آتش عشقست کاندر نی فتاد   جوشش عشقست کاندر می فتاد
(مثنوی ۱: ۱۰-۹)

درست همانطور که نی برای تولید نواهای دلنواز باید درونی صاف و
پاک داشته باشد، عاشق نیز برای این که معشوق صدای او را بشنود، باید
همین‌گونه باشد. استعاره‌های بسیاری برای شفّاف سازی موضوع جدایی
از معشوق به کار گرفته شده‌اند. یکی از معروفترین این استعاره‌ها اشاره‌ای

است به تنه خشکیده یک درخت خرما که حضرت محمّد به هنگام ایراد سخنرانی بر آن تکیه می‌کرده است. در اشعار بسیاری به نالیدن تنه درخت پس از ساخت مسجد پیامبر اشاره شده، چرا که پس از آن واقعه، دیگر پیامبر بر تنه درخت خرما تکیه نمی‌کرده است:

سرمست چنان خوبی کی کم بود از چوبی؟   برخاست فغان آخر از استن حنّانه

("غزل ۸۵۵" ۱۴)

تنه درخت در غم جدایی از پیامبر می‌نالد همان‌طور که گوینده شعر (صوفی) در فراق خداوند ناله می‌کند.

پس از تسلیم مخلصانه در برابر خدا، عشق او جایگزین همه نیازهایی می‌شود که صوفی زمانی تجربه کرده بود. این عشق، که در قلب همه متون کلاسیک صوفیانه فارسی دیده می‌شود، در دو سطح عمل می‌کند، لفظی و تمثیلی. هر چند برداشت مجازی از رابطه انسان و خدا خاص آموزه‌های صوفیانه نیست—"آواز سلیمان" در تورات تنها یکی از چندین شعر غنائی است که دو لایه از عشق در آن دیده می‌شود—آنچه باعث تمایز این متون می‌شود درهم پیچیدگی مکرر، دقیق و یکپارچه عشق زمینی و الهی است. در ادبیّات صوفیانه، عشق متعالی تقریبا همیشه به شکل رابطه عاشقانه بین دو عاشق زمینی مثل لیلی و مجنون ("غزل ۷۷۸" دفتر اوّل مثنوی ۱۸ـ۱) متجلّی می‌شود که برای یکی شدن باید موانع بسیاری را پشت سر بگذارند. جذبه مقاومت ناپذیر این عشق متعالی برای سالک، به طور نمادین در ابیاتی که زیبائی جسمانی معشوق زمینی را توصیف می‌کنند، بیان می‌شود و درد جدایی از خداوند در تصاویری که نشان دهنده یک عاشق مشتاق است، تجلّی می‌یابد؛ عاشقی که وجودش بدون معشوق بی

۱۲

معناست. به دلیل این نوع ارتباط، موضوعات و تصاویر کفرآمیز اغلب با شرح کامل زیبایی جسمانی معشوق همراهند. در نتیجه، در اغلب اشعار صوفیانه، عاشق را می‌بینیم که در میخانه‌ای دور از معشوق باده می‌نوشد و مستی، اثری آرام بخش بر او داشته و به عاشق در فراموش کردن درد جدایی کمک می‌کند. در نهایت، باده نوشی سالک را در راه اتّحاد با خدا به او نزدیکتر می‌کند. خود این تقرّب به دانشی ورای درک و دسترسی منجر می‌شود. در"غزل ۹۵۰"، مخاطب، دل عاشق است که به دلیل رازی که برایش فاش می‌شود، ممکن است دچار انفعال و بطالت شود. اکنون دل می‌داند که همه چیز به اراده خداوند اتّفاق می‌افتد:

دلا چـون واقف اسـرار گشتـی   ز جمله کارها بیکار گشتـی (۱)

با این حال، این حالت مستی دائمی نیست و هر از گاهی ممکن است صوفی دستخوش افکار تردید آمیز و دنیوی شود. نوسان بین هشیاری و مستی به انقباض و انبساط روح صوفی در راه اتّحاد با معشوق اشاره دارد:

همـان سـودایی و دیوانه میباش   چرا عاقل شدی هشیار گشتی ("غزل ۹۵۰" ۲)

هرچند مستی و بیخودی ناشی از آن از چنان شدّتی برخوردار است که عاشق حتی نمی‌داند اهل کدام دیار است:

گفتم زکجایی تو؟ تسخر زدو گفت ای جان،   نیمیـم ز ترکستان، نیمیـم ز فرغانه ("غزل ۸۵۵" ۹)

و حتّی بدتر از آن، گوینده از جوهر وجودی خود نیز بی خبر است و در حالی که برهنه و تنها به میخانه پناه برده، قادر نیست خویش را از بیگانه تشخیص دهد:

نیمیم ز آب و گل، نیمیم ز جان و دل   نیمیم لب دریا، نیمی همه دردانه

گفتم که رفیقی کن با من که منم خویشت   گفتا که بنشناسم من خویش ز بیگانه

من بی دل و دستارم، در خانه خمارم   یک سینه سخن دارم هین شرح دهم یانه

("غزل ۸۵۵" ۱۰ـ ۱۲)

با یک مقایسه دقیق، همین وضعیّت را در"غزل۵۱۵" مشاهده می کنیم، جایی که گوینده قادر به تمایز بین دو حالت متضاد هستی نیست:

اگر طبّال اگر طبلم، به لشگرگاه آن فضلم   از این تلوین چه غم دارم چو سلطان را حشم باشم؟ (۴)[۷]

گوینده چنان در دام عشق گرفتار شده که هم با طبل زن و هم با طبل می تواند همذات پنداری کند. باید توجّه داشت که این شراب تحّول زایی که صوفی می نوشد در واقع کالایی پربهاست که هر کسی واقف به ارزش آن و لایق آن نیست:

تو وقف خراباتی، دخلت می و خرجت می   زین وقف به هشیاران مسپار یکی دانه

("غزل ۸۵۵" ۵)

اینگونه توصیف ها و اشارات نمادین و پیچیده "به شراب، جام باده، ساقی، میخانه و همراهان میگسار عاشق بسیارند" و در شعر مولانا دنیایی

۷ـ طیف وسیع رنگ ها در این بیت همچنین به حالات مختلف روحی صوفی اشاره دارد.

زنده و رنگین می‌سازند که افراد از فرهنگ‌ها و عقاید مختلف با آن آشنایی داشته و به‌منظور مرتفع ساختن نیازهای معنوی خود به آن پناه می‌برند. (متّانی ۱۴۳) لئونارد لوئیسون (Leonard Lewisohn) در مصاحبه با شوشا گاپی (Shusha Guppy) تأکید دارد که مولانا "به‌منظور روشن کردن نکات معنوی در اشعار خود از بسیاری حکایات غیر اخلاقی استفاده می‌کند". این حکایات و داستانهای تغزّلی و خنده‌آور عملکردی مشابه استعاره‌های کفرآمیز دارند و طبیعتاً در آشنایی زدایی از نکات اخلاقی و تعهّدات مذهبی کورکورانه نقش به سزایی دارند.

مجموعه این ویژگی‌ها باعث می‌شوند شعر مولانا نسبت به اشعار سایر بزرگان صوفی با تفکرات فلسفی مشابه، جمود و خشکی کمتری داشته و پر نشاطتر و ملموس‌تر باشد. بعلاوه، این داستان‌های سرگرم کننده و نکات ظریف به زبانی بیان می‌شوند که گویای قدرت تصویرسازی شاعر است. استفاده خلّاقانه مولانا از استعاره و سایر صنایع ادبی، لحن متین، بیان نجیب، زبان واضح و در عین حال بی ادّعا و بالاخره سجع سرزنده او، همگی مکمّل محتوای مجذوب کننده اثر معنوی او می‌باشند. در نگاهی به شعر فارسی، یوسفی اظهار می‌دارد که هیچ شاعر دیگری نتوانسته است به اندازه مولانا اوزان مختلف در ادبیّات منظوم ارائه نماید (۲۱۴ ـ ۲۱۱). از این لحاظ، شعر مولانا نه تنها جنبهٔ آموزشی، تسلّی بخش و مخلصانه دارد، بلکه سرگرم کننده و تقریباً اغواگر نیز می‌باشد ــ غیر فارسی زبانان نیز اغلب بر ویژگی مسحور کننده شعر معنوی مولانا تأکید دارند.

عدم پیروی از سنن، حتّی در میان صوفیان، نه تنها خصوصیّت شعر مولانا، بلکه ویژگی داستان زندگی و شیوه حیات اوست. به یاد داشته باشیم که مولانا، ارادت ویژه‌ای به مراد معنوی خود، شمس تبریزی داشت، یعنی

کسی که به او کمک کرد تا حصارهای فقه اسلامی را بشکند. شمس[8] درویشی آواره از شهر تبریز[9] بود که کسی در قونیه او را نمی‌شناخت. او روزی در حال عبور از شهر قونیه بود که مولانا او را ملاقات کرد. من در کتاب خود، عدول گرایان از الوهیّت: مناظره‌هائی در باب پرستش در آثار دان و مولانا[10] مشروح این ملاقات را آورده‌ام:"[در این روز، مولانا] با گروهی از پیروانش پس از سخنرانی روزانه خود، در حال عبور از بازار بود که شمس او را متوقف کرده و پرسید از نظر او کدامیک جایگاه والاتری نزد خدا دارند، حضرت محمّد یا بایزید بسطامی، یعنی عارف معروف و سالک راه حق. هنگامی که [مولانا با سرزنش] کفرآمیز بودن چنین سوالی را یادآوری کرد، شمس با تمسخر او را به دلیل کوتاه بینی‌اش [نکوهش نمود]. سوالی که مولانا را دگرگون کرده بود، سوالی بود که شریعت را در برابر طریقت قرار می‌داد؛ این سوال او را به وادی جدیدی رهنمون ساخت ــ قلمروئی که برای انسان راهی نمی‌گذاشت مگر انکار خود (نفس) در راه رسیدن به تکامل (زرّین‌کوب ۱۰۸)" (مثّنایی ۲۲). در سراسر شعر مولانا اشارات متعدّدی به این اتفاق دگرگون کننده شده است، مانند دو بیت زیر در "غزل ۹۵۰":

چو تو مستور و عاقل خواستی شد   چرا سرمست در بازار گشتی (۳)

قبل از این دیدار تاریخی، مولانا یک روحانی مورد احترام و بسیار پای‌بند به حرفه خود بود. به قول ویلیام چیتیک، شمس "او را از یک فقیه موقّر به یک روحانی سرمست از اسرار عشق الهی تبدیل کرد"(۳).

---

۸ ـ شمس در عربی به معنای خورشید هم هست.

۹ـ تبریز مرکز استان آذربایجان شرقی در ایران است.

۱۰ـ Divine Deviants: The Dialectics of Devotion in the Poetry of Donne and Rumi

در غزل "۸۵۵" قیاسی که گوینده طی آن خود را با یک کولی مقایسه می‌کند، به شیوه زندگی آزاد و فارغ کولیان اشاره دارد که مولانا پس از تحوّل اختیار می‌کند:

ای لولی بربط زن، تو مست تری یا من   ای پیش چو تو مستی افسون من افسانه(۶)

اشاره به کولیان در این ابیات بار معنایی خاصی دارد زیرا درست مانند شمس، شیوه زندگی آنان مانع از آن است که در یک جا اقامت گزینند؛ کولیان همواره در سفرند همانگونه که یک صوفی در جستجوی خداوند همیشه در راه است. در شعر صوفیانه، این ویژگی عدم پایبندی به یک مکان و همواره در شور و هیجان به سر بردن نیز با تصاویر مکرّر باد و رود معرفی می‌شود چرا که ویژگی یکی وزیدن و دیگری جاری شدن است.

عشق مولانا به شمس را می‌توان در مصاحبت مداوم آنان، وابستگی تقریباً دیوانه‌وار او به شمس، سوگ سنگین او پس از غیبت اسرارآمیز شمس از قونیه و انتخاب نام او برای تخلّص (رک "غزل ۱۰۲۰") و عنوان غزلیّاتش، یعنی دیوان شمس تبریزی، ملاحظه کرد. این رابطه احتمالاً یکی از مبهم‌ترین روابط در تاریخ ادبیّات فارسی بوده و از جمله روابطی است که هنوز هم موضوع بسیاری از تحلیل‌ها و تفاسیر است. همچنین، مولانا به عنوان یک صوفی ساختار شکن، سماع را پایه گزارد که شیوه نامتعارف زندگی شاعر را هم توجیه می‌کند. از نظر شاعر و پیروان صوفی او، سماع (حرکات موزون بدنی کاملاً نمادین و کنترل شده) ابزاری بود برای یاری به آنها در دور شدن از دنیای مادّی. خود حرکت چرخش در سماع نماد اوّلین اصل از اصول

اسلامی یعنی توحید است، به این معنا که انسان به هر سو رو کند، تنها خدا را خواهد دید.

جایگاه ویژه رقص و موسیقی سماعی در زندگی مولانا در قالب حکایات غنایی در شعر او آمده است. با این حال، اگر چند خطی در مورد دیدگاه شاعر درباره اهمیّت سکوت و کم گویی ننویسیم، این نوشته چیزی کم خواهد داشت:

من غلام قمرم غیر قمر هیچ مگو   پیش من جز سخن شمع و شکر هیچ مگو

سخن رنج مگو جز سخن گنج مگو   ور از این بی خبری رنج مبر هیچ مگو

("غزل ۸۲۲" ۱ـ۲)

این ابیات و ردیف (هیچ مگو)، که در سراسر این غزل معروف آمده، مخاطب و خواننده را به کم گویی دعوت می‌کنند. تنها بحث مجاز، بحث مربوط به قمر، گنج (که هر دو به معشوق الهی اشاره دارند) و شمع و شکر می‌باشد. شکر و شمع با حل شدن و سوختن و سپس تبدیل شدن به موادّی بزرگ‌تر از خود، اشارات نمادین ظریفی هستند به عشق بین صوفی و معشوق الهی که منجر به تحلیل رفتن صوفی می‌شود. در طول روند یکی شدن، شمع به شکل نمادین می‌سوزد تا روشنایی ببخشد و شکر حل می‌شود تا شیرینی به بار بیاورد. هم‌چنین، اهمیّت سکوت با مقایسه بین کلمات، چه منقول و چه مکتوب، و غبار مرتّباً مورد تأکید قرار گرفته است:

چون برسی به کوی ما، خامشی است خوی ما   زان که ز گفت و گوی ما، گرد و غبار می‌رسد

("غزل ۱۸۸" ۸)

در اینجا، غبار در گفتگو به ابهام اشاره دارد؛ هرگونه حرف یا صحبتی به جای شفّاف کردن مطالب، به ایجاد فاصله از حقیقت می‌انجامد. به شکل مجازی، به محض این که فرد وارد کوی دوست می‌شود، نیازی به گفتگو نخواهد بود، چرا که شرط گفتگو حضور حداقل دو نفر است که در این جا یکی شده‌اند. هر کلمه به فاصله بیشتر با حقیقت می‌انجامد ـ مفهومی که در ابیات زیر هم آمده:

این تن اگر کم تندی راه دلم کم زندی   راه شدی، تا نبدی این همه گفتار مرا

("غزل ۲۲" ۸)

به همین ترتیب و همانطور که در ابیات زیر آمده، تنها افرادی که می‌توانند از چشم‌ها و گوش‌های درونی خود بهره ببرند، قادرند معشوق الهی و مریدانش را ببینند و صدایشان را بشنوند:

به پیش کـور هیچم مـن، چنانم   به پیش گوش کر، من بی زبانم....

سـخن کشتی و معنی همچو دریا   در آ زوتـر، کـه تا کشـتی برانم

("غزل ۵۶۲" ۵ و ۷)

دو بیت آخر بر ارزش بلاغی واژه‌ها تأکید دارند و تنها تا حدّی می‌توانند معنی را که در این ابیات دریا نماد آن است، منتقل کنند.

اشعار مولانا دارای همه خصوصیّات شعر صوفیانه[11] و بیش از آن است. مولانا با کنکاش در مفهوم عشق در شعر خود، تصوّف عاشقانه را که پایه گزار آن است، در برابر تصوّف زاهدانه قرار داد. از دید عبدالکریم سروش،

---

۱۱ ـ سنایی، عطّار و حافظ از دیگر شاعران صوفی برجسته در ادبیّات کلاسیک فارسی هستند.

مولانا و احمد غزالی، برادر ابو حامد، فیلسوف و حکیم، اوّلین عارفانی هستند که عشق و صوفیگری را در والاترین شکل آن در کنار هم قرار داده‌اند (۳۴). در حالی که همه دیگر صوفیان از قدرت مطلق خداوند آگاه بوده و از او خوف داشته‌اند، مولانا تنها چهره بشّاش الوهیّت را می‌دید. عبدالکریم سروش رابطه یک فرد جویای حقیقت و خدا (خدای پرهیزگاری) را در اغلب دیگر کارهای ادبی به آهویی تشبیه می‌کند که خود را در برابر یک شیر پرهیبت، اگر نگوییم ترسناک، می‌یابد (۳۳). برعکس، مولانا خود را در اقیانوس عشق و کرامت خداوندی غوطه‌ور می‌بیند ــ عشق خدا او را احاطه کرده و او نمی‌تواند چیزی جز کرم و عشق خدا را مشاهده کند. او به قدرت و تأثیر عشق در برابر عقل و منطق در راه جستجوی خدا و معنای زندگی اعتقاد راسخ دارد. برای او عشق همه چیز است، همه چیز را شکل می‌دهد، سرچشمه همه چیز است و در نهایت تناقض، منجر به نیستی می‌شود. غزل‌ها و حکایات متعدّدی در مثنوی، مثل خطوط ۱۹۱۸ـ۱۸۹۲ دفتر پنجم، عقل اکتسابی صوفی و نگرش عاقلانه او به زندگی را در نتیجه عشق به خدا و تقرّب به الوهیّت شرح می‌دهند. به نظر عبدالکریم سروش، افق دید صوفی آسمانی است. این نگرش الهی باعث می‌شود صوفی دنیا را متفاوت ببیند؛ به این ترتیب از دید یک صوفی، حوادث دنیوی تفسیری عاقلانه (عالمانه) دارند که در برابر دید عادی (عامیانه) قرار می‌گیرند. اگر از داروی صوفیان برای شستشوی چشم‌ها استفاده کنیم، می‌توانیم دریا را مانند آنها دیده و خود، دریا شویم. بعبارت دیگر، دنیا به یکباره در مقابل چشمان ما وسعت خواهد یافت. تکامل در زندگی، توانایی دیدن الوهیّت در زیر لایه‌ای نازک و سطحی است که دیگران می‌بینند (سروش، "مولانا و طبیعت" ۲۸:۲۷ ـ ۳۵:۲۵).

همچنین، توجه به این نکته که شعر مولانا دارای پیامی جهانی است اهمیّت فراوانی دارد. این پیام با طبیعت همه افراد سازگار است، گویای ارزش‌های والاست و در برگیرندهٔ رویاهای بشر برای یک زندگی توأم با امنیّت و کمال می‌باشد. این آرمان‌ها برای همه افراد بشر قابل درک می‌باشند چرا که به هیچ مذهب، فرهنگ، یا ملّیتی تعلّق ندارند. خود مولانا در یکی از اشعارش به صراحت می‌گوید که خود را به هیچ مذهب یا نژادی وابسته نمی‌داند:

نه ترسا و یهودم نه گبرم نه مسلمانم	چه تدبیر ای مسلمانان! که من خود را نمی‌دانم
نه ارکان طبیعی‌ام، نه از افلاک گردانم	نه شرقی‌ام نه غربی‌ام نه علوی‌ام نه سفلی‌ام
نه از ملک عراقینم، نه از خاک خراسانم	نه از هندم، نه از چینم، نه از بلغار و سقسینم
نه تن باشد نه جان باشد، که من از جان جانانم	نشانم بی‌نشان باشد، مکانم لامکان باشد

("غزل ۱۰۷۳" ۱ـ۴)

او به وحدت و جهانی بودن همه مذاهب اعتقاد دارد. به گفته لئونارد لوئینسون (مصاحبه)، مولانا از مذهب فردی فراتر می‌رود، و اغلب در آثارش می‌خوانیم که به دنبال خدا گشتن را، اگر صرفاً در مساجد باشد، کاری بیهوده می‌پندارد. طبق جهان‌بینی مولانا، خداوند را همه جا می‌توان دید، در مساجد، کلیساها، کنیسه‌ها و میخانه‌ها.

پیام جهانی مولانا دنیائی را وعده می‌دهد که در آن همه جهان‌بینی‌ها مورد احترام واقع می‌شوند. بعلاوه، در این جهان آرمانی که مولانا در شعر خود ترسیم می‌کند، جایی برای هیچ نوع تعصّب یا خشم نیست. به مفهوم امروزی، او یک مخالف تمام عیار اصول گرایی است و به آزادی عقیده و بیان و نیاز به مهربانی و بخشش نسبت به همه اعتقاد دارد.

بی توجّهی مولانا به شکل یا صورت (ظاهر) و اصرار او بر تلاش برای رسیدن به معنای اصلی (باطن) در تعامل شخص با جهان از جمله آموزه‌های صوفیانه اوست. مولانا دائماً به خوانندگان آثارش خطر توجّه سطحی به دنیا و پدیده‌های آن و به دنبال آن از دست دادن معنای نهفته در عمق آنها را یادآوری می‌کند. درکنار هم قرار دادن کف روی آب اقیانوس و اقیانوس، نقش و نقّاش و غبار و باد (چیتیک ۲۱)، تنها چند نمونه از استعاره‌هایی است که مولانا برای مطرح کردن تناقض میان دلایل ثانویّه و دلیل همه دلایل، یعنی خداوند، به کار می‌برد.

به محض این که فرد بتواند بین حقیقت و مجاز، ظاهر و باطن، تمییز قایل شود، خواهد دید که نیروی عامل در ورای همه این پدیده‌ها یکی است. این دیدگاه، بیزاری مولانا از کثرت در معنویّت را توجیه می‌کند. این کثرت تا جایی برای مولانا قابل قبول است که سالک راه حق را به مشاهده وحدت در هستی برساند. بعبارت دیگر، عوالم متعدّد و جداگانه تجلّی‌هایی از یک وجودند که همه آنها را پیوند می‌دهد. این تناقض بین کثرت و وحدت یکی از مفاهیم اساسی در درک شعر مولاناست. "غزل ۲۲" تصویر جامعی از این اصل مهم فلسفی از باور مولانا به دست می‌دهد. به عقیده مولانا و سایر پیروان مکتب فکری او، هرچند اشیاء، حوادث، فصول، روز و شب، ظرف و مظروف و معنا ولغات همگی متفاوتند و گاهی هم معانی متناقضی دارند، همه مکمّل هم بوده و اشاره پر معنایی به سمت معشوق الهی دارند.

بنا بر یکی از اصول صوفیگری، جوهر خدا و صفات او (ظاهر در ابیات زیر) نیز یکی هستند:

ذات و صفاتید گهی عرش و گهی فرش در عین بقایید و مبرا ز فنایید

اسمید و حروفید و کلامید و کتابید   جبریل امینید و رسولان سمایید
("غزل ۱۰۶۷" ۵ـ۴)

گاهی این صفات با هم در تضاد هستند، مثل بالا و پایین بودن، اسفل و اعلی بودن، صریح و پیچیده بودن و ساده و پر نکته بودن، ولی همه آنها به معشوق الهی اشاره دارند. وجوه منفی وجود خداوند از عظمت او نمی‌کاهند و از دیدگاه صوفیانه، با وجود او مترادف می‌باشند، چون خداوند مافوق و ورای همه این مفاهیم است. از آن جایی که ابناء بشر با درک محدود خود تنها می‌توانند لایه سطحی حوادث و پدیده‌ها را ببینند، احتمال برداشت اشتباه از پدیده‌ها، چه مثبت و چه منفی، وجود دارد.[۱۲] همچنین، معشوق الهی عقل جهانی (کل) است در حالی که اغلب انسانها دارای عقل جزئی می‌باشند. ابیات زیر از "غزل ۷۷۸" به این نکته اشاره دارند:

بنگر یکی بر آسمان بر قلّه روحانیان   چندین چراغ و مشعله بر برج و بر باروی او

شد قلعه دارش عقل کل آن شاه بی طبل و دهل   بر قلعه آن کس بر رود کاو را نماند اوی او (۷ـ۶)

همانطور که ویلیام چیتیک به درستی شرح می‌دهد: "تنها عقل پیامبران و قدّیسین به واقع بر نفس غالب شده... 'عقل جهانی' یا 'عقل کل' [که خداست]...می‌تواند به وضوح معنی هر شکل صوری را درک کند و اشیاء را همانگونه که هستند، ببیند'. در اغلب انسانها، گذشته از این که ذهن آنها تا چه حد فراخ باشد یا تا چه حد 'خردمند' باشند، پرده‌ای از زنگار نفس جلوی خرد آنها را می‌گیرد. این نوع عقل مستور، 'عقل جزء'....

―――――――――――

۱۲ـ باید توجه داشت که این حالات متضاد همچنین به انبساط و انقباض روح صوفی یا حالات متغیر روحی وی در راه پیوند با معشوق الهی اشاره می‌کنند.

نامیده شده است "(راه عشق صوفی، ۳۵). به همین ترتیب، اسم، حرف،
واژه‌ها و کتب همه لغاتی مهم با اشارات مذهبی هستند که به صفات،
قدرت و هستی ازلی خداوند اشاره می‌کنند.

اصول پیام جهانی مولانا طیف وسیعی داشته و به هم پیوسته‌اند. در
این مقدّمه، من تنها آن دسته از اصول را شرح داده‌ام که پیچیدگی فلسفی
کمتری داشته‌اند. شاهکار معنوی شش جلدی شاعر به نام مثنوی معنوی،
که به‌طور خلاصه مثنوی نامیده می‌شود، در بر گیرندهٔ این اصول عرفانی
و دیگر اصول است که با ظرافت و ذوق شاعرانه در قالب حکایات
استعاری نقل شده‌اند.[۱۳] هر حکایت در مثنوی ماهیّتی آموزنده داشته و
دارای موضوعات فرعی متعدّدی است که بر پیام داستان اصلی تأکید
دارند؛ بعلاوه، "حوزه گسترده موضوعات مطروحه در مثنوی، ثبات
لحن این مجموعه و دیدگاه استواری که اشعار از آن بیان می‌شوند همه
باعث شده‌اند اثر مولانا بر قلّه مجموعه کتب شعر عرفانی اسلامی قرار
گیرد تا جایی که برخی اظهار داشته‌اند مثنوی در زبان فارسی مانند قرآن
است"(مثنای ۱۱۶) درک عمیق مولانا از جهان هستی، دید او نسبت به
جایگاه و نقش انسان در جهان و مسئله مسرّت انسان از جمله مقولات پر
اهمیّتی می‌باشند که موضوع اثر غنایی شاعر، مجموعه غزلیّات او، دیوان
شمس تبریزی، است که به طور خلاصه دیوان نامیده می‌شود. انتخاب
اشعار از مثنوی و دیوان در این مجموعه به منظور نشان دادن برخی از
اصول اساسی جهان بینی مولاناست. ترجمه‌های غزلیّات از دیوان بر
اساس نسخه محمّد رضا شفیعی کدکنی و گلچین مثنوی بر اساس نسخه
عبدالباقی گلپینارلی(Abdolbâqi Golpinârli) انجام شده‌اند."غزل ۷۷۹"

---

۱۳ ـ مثنوی به عنوان یک اسم عام به نوعی شعر روایی اطلاق می شود که معنی لفظی آن ابیات
موزون است.

بسیاری از مفاهیم مورد بحث در این مبحث را در خود جا داده است؛ بنابراین تصمیم گرفتیم این مجموعه را با این غزل همراه با پاورقی‌های توضیحی آغاز کنیم.

منابع و مآخذ

بارکس، کولمن. ضرورت مولانا. نیوجرسی: انتشارات کاسل، ۱۹۹۵.

چیتیک، ویلیام، سی. راه عشق صوفی: آموزه‌های عرفانی مولانا [آلبانی: انتشارات دانشگاه دولتی نیویورک، ۱۹۸۳.

فروزانفر، بدیع الزّمان. دیوان شمس تبریز [کلیات دیوان شمس]. تهران: انتشارات نگاه، ۱۹۹۸. دو جلد.

گلپینارلی، عبدالباقی، ویراستار. تحلیل و تفسیر مثنوی شریف [شرح و نثر مثنوی شریف]. ترجمه توفیق ح. سبحانی. چاپ انتشارات وزارت فرهنگ و ارشاد اسلامی، ۱۹۹۵. ۳ جلد.

گاپی، شوشا. "دل و جان". خبرگزاری بی بی سی. ۲۵ نوامبر ۲۰۰۸.

لوئیسون، لئونارد. مصاحبه، انجام شده توسط شوشا گاپی. "دل و جان". خبرگزاری بی بی سی. ۲۵ نوامبر ۲۰۰۸.

منّانی، منیژه. عدول گرایان از الوهیّت: مناظره‌هایی در باب پرستش در آثار دان و مولانا. نیویورک: انتشارات پیتر لانگ، ۲۰۰۷.

نیکلسون، رینولدآ. مثنوی جلال الدّین رومی. لندن : انتشارات دانشگاه کمبریج، ۱۹۴۰. ۸ جلد.

رومی، جلال الدّین. دیوان شمس تبریز [کلیات دیوان شمس]. انتشارات نگاه، ۱۹۹۸. دو جلد.

ــ ـ ـ تحلیل و تفسیر مثنوی شریف. ویرایش عبدالباقی گلپینارلی. تهران : چاپ انتشارات وزارت فرهنگ و ارشاد اسلامی، ۱۹۹۵. سه جلد.

ــ ـ ـ گزیده اشعار دیوان شمس تبریزی. ترجمه آر.آ. نیکلسون. کمبریج، نیویورک: انتشارات دانشگاه کمبریج، ۱۹۷۷.

شفیعی کدکنی، محمّدرضا. غزلیّات شمس تبریز. تهران: انتشارات سخن، ۲۰۰۸. دو جلد.

سروش، عبدالکریم. قمار عاشقانه: شمس و مولانا. تهران: مؤسّسه فرهنگی صراط، ۲۰۰۰.

ــ ـ ـ "مولانا و طبیعت". سخنرانی در دانشگاه استنفورد. ۲۴ مه ۲۰۱۱ [۳ خرداد ۱۳۹۰]. ۲۸:۲۷ ـ ۲۵:۳۵.

وردزورث، ویلیام. "چکامه‌ای بر اشاراتی از ابدیّت". نورتون آنتولوژی: ادبیّات غرب ویرایش سارا لاوال. ویرایش هشتم. جلد دوم. نیویورک: و. و. نورتون و شرکا، ۲۰۰۶. ۷۰۱ ـ ۷۰۰.

یوسفی، غلامحسین. چشمه روشن: دیداری با شاعران. تهران: انتشارات علمی، ۱۹۹۷. دو جلد.

زرّین کوب، عبدالحسین. پلّه پلّه تا ملاقات خدا. تهران: انتشارات علمی،۱۹۸۵.

منیژه متّانی

غزل ۷۷۹

حیلت رها کن، عاشقا، دیوانه شو، دیوانه شو

هم خویش را بیگانه کن، هم خانه را ویرانه شو

رو، سینه را چون سینه ها هفت آب شو از کینه ها

باید که جمله جان شوی تا لایق جانان شوی

آن گوشوار شاهدان هم صحبت عارض شده

چون جان تو شد در هوا ز افسانه شیرین ما

تو لیلة القبری، برو تا لیلة القدری شوی

اندیشه ات جایی رود، وآنگه تو را آن جا کشد

قفلی بود میل و هوا بنهاده بر دل های ما

بنواخت نور مصطفی، آن استن حنّانه را

گوید سلیمان مر تو را: «بشنو لسان الطّیر را

گر چهره بنماید صنم پر شو از او چون آینه

تا کی دو شاخه چون رخی تا کی چو بیدق کم تکی؟

شکرانه دادی عشق را از تحفه ها و مال ها

یک مدّتی ارکان بدی یک مدّتی حیوان بدی

ای ناطقه، بر بام و در تا کی روی؟ در خانه پر

اندر دل آتش درآ، پروانه شو، پروانه شو

وآنگه بیا، با عاشقان هم خانه شو، هم خانه شو

وآنگه شراب عشق را پیمانه شو، پیمانه شو

گر سوی مستان می روی، مستانه شو، مستانه شو

آن گوش و عارض بایدت، دردانه شو، دردانه شو

فانی شو چون عاشقان افسانه شو، افسانه شو

چون «قدر» مرا رو اح را کاشانه شو، کاشانه شو

زاندیشه بگذر، چون قضا پیشانه شو، پیشانه شو

مفتاح شو، مفتاح را دندانه شو، دندانه شو

کمتر ز چوبی نیستی، حنّانه شو حنّانه شو

دامیّ و مرغ از تو رمد، رولانه شو، رولانه شو»

ور زلف بگشاید صنم روشانه شو، روشانه شو

تا کی چو فرزین کژ روی؟ فرزانه شو، فرزانه شو

هل مال را، خود را بده، شکرانه شو، شکرانه شو

یک مدّتی چون جان شدی جانانه شو، جانانه شو

نطق زبان را ترک کن، بی چانه شو، بی چانه شو

غزل ۱۰۵۰

و انــدر دل و جــان ایمــان مـنی	ســلطان مـنی، ســلطان مـنی
یک جان چه بــود؟ صد جان منی	در مـن بدمـی، مـن زنده شـوم
هـم آب مـنی، هـم نـان مـنی،	نان، بی تـو، مرا زهر است نه نان
قنـد و شـکر ارزان مـنی	زهـر از تـو مـرا پازهـر شـود
ســرو و سـمن خنـدان مـنی	بـاغ و چمـن و فـردوس مـنی
هـم لعـل مـنی، هـم کان مـنی	هـم شـاه مـنی، هـم مـاه مـنی
زیـرا بـه سـخن برهان مـنی	خامـوش شـدم، شـرحش تـو بگو

غزل ۸۵۵

من بی‌خود و تو بی‌خود، ما را که برد خانه؟

در شهر یکی کس را هشیار نمی‌بینم

جانا، به خراباتآ، تا لذّت جان بینی

هر گوشه یکی مستی، دستی ز بر دستی

تو وقف خراباتی، دخلت می و خرجت می

ای لولی بربط‌زن، تو مست تری یا من

از خانه برون رفتم، مستیم به پیش آمد

چون کشتی بی‌لنگر کژ می‌شد و مژ می‌شد

گفتم: «ز کجایی تو؟» تسخر زد و گفت: «ای جان،

نیمیم ز آب و گل، نیمیم ز جان و دل

گفتم که «رفیقی کن با من، که منم خویشت.»

من بی‌دل و دستارم، در خانه خمّارم

در حلقه لنگانی، می‌باید لنگیدن

سرمستِ چنان خوبی کی کم بود از چوبی؟

شمس‌الحق تبریزی، از خلق، چه پرهیزی؟

من چند تو را گفتم کم خور دو سه پیمانه؟

هر یک بتر از دیگر شوریده و دیوانه

جان را چه خوشی باشد بی صحبت جانانه؟

و آن ساقی هر هستی، با ساغر شاهانه

زین وقف به هشیاران مسپار یکی دانه

ای پیش چو تو مستی افسون من افسانه

در هر نظرش مضمر صد گلشن و کاشانه

وز حسرت او مرده صد عاقل و فرزانه

نیمیم ز ترکستان، نیمیم ز فرغانه

نیمیم لب دریا، نیمی همه دردانه.»

گفتا که «بنشناسم من خویش ز بیگانه

یک سینه سخن دارم، هین شرح دهم یانه؟»

این پند ننوشیدی از خواجه علیانه

برخاست فغان آخر از اُستُنِ حنّانه

اکنون که درافکندی صد فتنهٔ فتّانه

مثنوی۱: ۱۸-۱

بشنو این نی چون شکایت می‌کند — از جداییها حکایت می‌کند

کز نیستان تا مرا ببریده‌اند — در نفیرم مرد و زن نالیده‌اند

سینه خواهم شرحه شرحه از فراق — تا بگویم شرح درد اشتیاق

هرکسی کو دور ماند از اصل خویش — باز جوید روزگار وصل خویش

من به هر جمعیّتی نالان شدم — جفت بدحالان و خوشحالان شدم

هرکسی از ظنّ خود شد یار من — از درون من نجست اسرار من

سرّ من از ناله من دور نیست — لیک چشم و گوش را آن نور نیست

تن ز جان و جان ز تن مستور نیست — لیک کس را دید جان دستور نیست

آتشست این بانگ نای و نیست باد — هرکه این آتش ندارد نیست باد

آتش عشقست کاندر نی فتاد — جوشش عشقست کاندر می فتاد

نی حریف هرکه از یاری برید — پرده‌هااش پرده‌های ما درید

همچو نی زهری و تریاقی کی دید؟ — همچو نی دمساز و مشتاقی که دید؟

نی حدیث راه پر خون می‌کند — قصّه‌های عشق مجنون می‌کند

محرم این هوش جز بیهوش نیست — مر زبان را مشتری جز گوش نیست

در غم ما روزها بیگاه شد — روزها با سوزها همراه شد

روزها گر رفت گو رو باک نیست — تو بمان ای آنکه چون تو پاک نیست

هرکه جز ماهی ز آبش سیر شد — هرکه بی روزیست روزش دیر شد

در نیابد حال پخته هیچ خام — پس سخن کوتاه باید والسّلام

غزل ۱۰۷۳

چه تدبیر، ای مسلمانان! که من خود را نمی دانم

نه شرقیّ ام، نه غربیّ ام، نه علویّ ام، نه سلفیّ ام

نه از هندم، نه از چینم، نه از بلغار و سقسینم

نشانم بی نشان باشد، مکانم لامکان باشد

دویی را چون برون کردم، دو عالم را یکی دیدم

اگر در عمر خود، روزی، دمی بی تو برآوردم

الا ای شمس تبریزی! چنان مستم در این عالم

نه ترسا نه یهودم من، نه گبر و نه مسلمانم

نه ارکان طبیعیّ ام، نه از افلاک گردانم

نه از ملک عراقینم، نه از خاک خراسانم

نه تن باشد نه جان باشد، که من از جان جانانم

یکی بینم، یکی جویم، یکی دانم، یکی خوانم

از آن روز و از آن ساعت پشیمانم، پشیمانم

که جز مستی و سرمستی دگر چیزی نمی دانم

غزل ۷۷۸

ای عاشقان، ای عاشقان، آن کس که بیندروی او — شوریده گردد عقل او، آشفته گردد خوی او

معشوق را جویان شود، دکّان او ویران شود — بر رو و سر پویان شود چون آب اندر جوی او

در عشق چون مجنون شود، سرگشته چون گردون شود — آن کو چنین رنجور شد، نایافت شد داروی او

بس سینه‌ها را خست او، بس خواب‌ها را بست او — بسته‌ست دست جادوان آن غمزه جادوی او

شاهان همه مسکین او، خوبان قراضه‌چین او — شیران زده دم بر زمین پیش سگان کوی او

بنگر یکی بر آسمان، بر قله روحانیان — چندین چراغ و مشعله بر برج و بر باروی او

شد قلعه‌دارش عقل کل، آن شاهبی طبل و دهل — بر قلعه آن کس بر رود کاو را نماند اوی او

ای ماه، رویش دیده‌ای، خوبی از او دزدیده‌ای — ای شب، تو زلفش دیده‌ای، نی نی، و نی یک موی او

مر عشق را خود پشت کو؟ سر تا به سر رویی است او — این پشت و رو این سو بود، جز رو نباشد سوی او

او هست از صورت بری، کارش همه صورتگری — ای دل، ز صورت نگذری، زیرا نه‌ای یکتوی او

داند دل هر پاکدل آواز دل ز آواز گل — غرّیدن شیر است این در صورت آهوی او

این عشق شد مهمان من، زخمی بزد بر جان من — صد رحمت و صد آفرین بر دست و بر بازوی او

من دست و پا انداختم، وز جست و جو پرداختم — ای مرده جست و جوی من در پیش جست و جوی او!

من چند گفتم: «های دل خاموش از این سودای دل.» — سودش ندارد های من، چون بشنود دل هوی او

غزل ۷۶۲

آن دلبـر مـن آمـد بـر مـن   زنـده شـد از او بـام و در مـن

گفتـم: «قُنُقی امشب تـو مـرا   ای فتنـهٔ مـن، شـور و شـر مـن»

گفتـا: «بـروم، کاری اسـت مهم   در شـهر مـرا، جـان و سـر مـن»

گفتـم: «بـه خـدا، گر تـو بروی   امشب نَزیـد ایـن پیکـر مـن

آخـر تـو شبـی رحمـی نکنـی   بـر رنـگ و رخ همچـون زر مـن؟

رحمـی نکنـد چشـم خـوش تو   بر نوحـه و این چشـم تـر مـن؟»

گفتـا: «چه کنم چـون ریخت قضا   خـون همـه را در سـاغر مـن؟

خامـش! که اگـر خامـش نکنی   در بیشـه فتـد ایـن آذر مـن

باقیـش مگو تـا روز دگر   تـا دل نپـرد از مصدر مـن»

مثنوی۲: ۳۲۴۰ - ۳۲۱۸

در حضـور حضـرت صاحب‌دلان	دل نگـه داریـد ای بـی حاصلان
که خدا زیشـان نهان را ساترست	پیـش اهل تـن ادب بر ظاهرست
زانکه دلشـان بر سرایر فاطنست	پیـش اهـل دل ادب بر باطنست
بـا حضـور آیـی، نشـینی پایگاه	تو به عکسـی پیش کوران بهر جاه
نـار شـهوت از آن گشـتی حطب	پیـش بینایـان کنـی تـرک ادب
بهـر کـوران روی را میـزن جـلا	چـون نـداری فطنت و نـور هدی
ناز می‌کن بـا چنین گندیده حال	پیـش بینایان حـدث در روی مال

...

بـاغ و بسـتان را کجـا آنجا برند؟	سـوی شـهر از باغ شـاخی آورند
بلک آن مغزست و این عالم چو پوست	خاصه باغی کین فلک یک برگ اوست
بـوی افزون جوی و کـن دفع زکام	بـر نمی‌داری سـوی آن بـاغ گام
تا کـه آن بو نور چشـمانت شـود	تـا که آن بـو جاذب جانت شـود

...

رسته این هـر پنج از اصلـی بلند	پنج حـس بـا همدگر پیوسته‌اند
ما بقـی را هر یکی سـاقی شـود	قـوّت یـک قـوّت باقـی شـود
عشـق در دیـده فزایـد صـدق را	دیـدن دیـده فزایـد عشـق را
حسّـها را ذوق مونـس می‌شـود	صـدق بیـداریّ هر حس می‌شـود

غزل ۱۰۶۸

روزها فکر من اینست و همه شب سخنم
که چرا غافل از احوال دل خویشتنم

از کجا آمده‌ام، آمدنم بهر چه بود؟
به کجا می‌روم؟ آخر ننمایی وطنم

مانده‌ام سخت عجب کز چه سبب ساخت مرا
یا چه بوده‌ست مراد وی از این ساختنم

جان که از عالم علوی‌ست، یقین می‌دانم
رخت خود باز بر آنم که همانجا فکنم

مرغ باغ ملکوتم نیم از عالم خاک
دو سه روزی قفسی ساخته‌اند از بدنم

ای خوش آن روز که پرواز کنم تا بر دوست
به هوای سر کویش پر و بالی بزنم

کیست در گوش که او می‌شنود آوازم؟
یا کدامست سخن می‌نهد اندر دهنم؟

کیست در دیده که از دیده برون می‌نگرد؟
یا چه جان است، نگویی، که منش پیرهنم؟

تا به تحقیق مرا منزل و ره ننمایی
یک دم آرام نگیرم نفسی دم نزنم

می وصلم بچشان، تا در زندان ابد
از سر عربده مستانه به هم درشکنم

من به خود نامدم اینجا که به خود باز روم
آنکه آورد مرا باز برد در وطنم

تو مپندار که من شعر به خود می‌گویم
تا که هشیارم و بیدار یکی دم نزنم

شمس تبریز، اگر روی به من بنمایی
و الله این قالب مردار، به هم در شکنم

غزل ۵۶۲

مـن آن مـاهـم کـه انـدر لامکانم
مجو بیـرون مـرا، در عیـن جانم

تو را هرکس به سوی خویش خواند
تو را من جز به سـوی تـو نخوانم

مـرا هم تو به هر رنگـی که خوانی
اگـر رنگیـن اگـر ننگیـن، ندانم

گهی گویی: «خلاف و بی‌وفایی.»
بلـی، تا تـو چنینـی مـن چنانم

به پیـش کـور هیچم مـن، چنانم
بـه پیش گوش کـر، مـن بی‌زبانم

مـن آبِ آب و باغِ باغم، ای جان!
هـزاران ارغـوان را ارغوانـم

سـخن کشتیّ و معنی همچـو دریا
درآ زوتـر، کـه تـا کشتی برانم

غزل ۸۲۲

مـن غلام قمـرم، غیـر قمر هیـچ مگو   پیش من جز سخن شمع و شکر هیچ مگو

سـخن رنج مگو، جز سخن گنج مگو   ور از این بی خبری رنج مبر، هیچ مگو

دوش دیوانه شدم، عشق مرا دید و بگفت: «آمدم، نعره مزن، جامه مدر، هیچ مگو.»

گفتم: «ای عشق، من از چیز دگر می ترسم.»   گفت: «آن چیز دگر نیست دگر، هیچ مگو.

من به گوش تو سخن های نهان خواهم گفت   سر بجنبان که بلی، جز که به سر هیچ مگو.»

قمَری، جان صفتی، در ره دل پیدا شد   در ره دل چه لطیف است سفر! هیچ مگو

گفتم: «ای دل چه مه ستای این؟» دل اشارت می کرد   که «نه اندازه توست این، بگذر مگو.»

گفتم: «این روی فرشته ست عجب یا بشر است؟»   گفت: «این غیر فرشته ست و بشر، هیچ مگو.»

گفتم: «این چیست؟ بگو، زیر و زبر خواهم شد.»   گفت: «می باش چنین زیر و زبر، هیچ مگو.»

ای نشسته تو در این خانه پر نقش و خیال   خیز از این خانه برو، رخت ببر، هیچ مگو.»

گفتم: «ای دل، پدری کن، نه که این وصف خداست؟»   گفت: «این هست، ولی جان پدر، هیچ مگو.»

مثنوی ۲: ۱۵۴۹-۱۵۲۹

از محبّت تلخها شیرین شود	از محبّت مسّها زرّین شود
از محبّت دردها صافی شود	از محبّت دردها شافی شود
از محبّت مرده زنده می‌کنند	از محبّت شاه بنده می‌کنند
این محبّت هم نتیجه دانشست	که گزافه بر چنین تختی نشست؟
دانش ناقص کجا این عشق زاد؟	عشق زاید ناقص امّا بر جماد
بر جمادی رنگ مطلوبی چو دید	از صفیری بانگ محبوبی شنید
دانش ناقص نداند فرق را	لاجرم خورشید داند برق را

···

برق آفل باشد و بس بی وفا	آفل از باقی ندانی بی صفا
برق خندد، بر کسی می‌خندد بگو؟	بر کسی که دل نهد بر نور او
نورهای چرخ ببریده پیست	آن چو لا شرقی و لا غربی کیست
برق را خو یخطف الابصار دان	نور باقی را همه انصار دان
بر کف دریا فرس را راندن	نامه‌ای در نور برقی خواندن
از حریصی عاقبت نادیدنست	بر دل و بر عقل خود خندیدنست
عاقبت بینست عقل از خاصیت	نفس باشد کو نبیند عاقبت

غزل ۱۰۶۷

آنـان که طلبـکار خداییـد، خدایید   حاجت به طلب نیست شمایید، شمایید

چیزی که نکردید گم از بهر چه جویید؟   کس غیر شما نیست، کجایید، کجایید؟

در خانـه نشـینید و مگردید بهر در   زیرا که شما خانه و هم خانه خدایید

ذاتید و صفایید گهی عرش و گهی فرش   در عیـن بقایید و مبرّا ز فنایید

اسـمید و حروفید و کلامید و کتابید   جبریـل امینیـد و رسـولان سمایید

خواهید ببینید رخ اندر رخْ معشـوق   زنـگار ز آیینـه بـه صیقـل بزدایید

تا بود که همچون شه رومی به حقیقت   خـود را به خود از قوّتِ آیینه نمایید

غزل ۱۰۲۰

ای جان و ای دو دیده بینا، چگونه‌ای؟   وی رشک ماه و گنبد مینا، چگونه‌ای؟

ای ما وصد چو ما زپی تو خراب و مست   ما بی‌تو خسته‌ایم، تو بی‌ما چگونه‌ای؟

آنجا که با تو نیست، چو سوراخ کژدم است   وآنجا که جز تو نیست، توآنجا چگونه‌ای؟

ای جان، تو درگزینش جان‌ها چه می‌کنی؟   وی گوهری فزوده ز دریا، چگونه‌ای؟

عالم به توست قایم، تو در چه عالمی؟   تنها به توست زنده، تو تنها، چگونه‌ای؟

ای آفتاب از تو خجل، در چه مشرقی؟   وی زهر ناب با تو چو حلوا، چگونه‌ای؟

زیر و زبر شدیمت بی‌زیر و بی‌زبر   ای درفکنده فتنه و غوغا چگونه‌ای؟

ای شاه شمس مفخر تبریز بی‌نظیر!   در قاب قوس قُرب و درآدنی چگونه‌ای؟

غزل ۹۵۰

ز جمله کارها بی‌کار گشتی	دلا چون واقف اسرار گشتی
چرا عاقل شدی هشیار گشتی	همان سودایی و دیوانه میباش
چرا سرمست در بازار گشتی	چو تو مستور و عاقل خواستی شد
چو با رندان این‌ره یار گشتی	نشستن گوشه‌ای، سودت ندارد
که از بوهای می خمّار گشتی	خراباتی‌ست در همسایهٔ تو
که همچون بو سبک‌رفتار گشتی	بگیر این بو و می‌رو تا خرابات

مثنوی ۱۵۱۰:۲ ـ ۱۵۰۰

<table>
<tr><td>این عجب که سر ز خود پنهان کنی</td><td>چه عجب گر سر ز بد پنهان کنی</td></tr>
<tr><td>تا بود کارت سلیم از چشم بد</td><td>کار پنهان کن تو از چشمان خود</td></tr>
<tr><td>وانگه از خود بی ز خود چیزی بدزد</td><td>خویش را تسلیم کن بر دام مزد</td></tr>
<tr><td>تا که پیکان از تنش بیرون کنند</td><td>می‌دهند افیون به مرد زخم‌مند</td></tr>
<tr><td>او بدان مشغول شد، جان می‌برند</td><td>وقت مرگ از رنج او را می‌درند</td></tr>
<tr><td>از تو چیزی در نهان خواهند برد</td><td>چون به هر فکری که دل خواهی سپرد</td></tr>
<tr><td>تا ز تو چیزی برد کان کهترست</td><td>پس بدان مشغول شو، کان بهترست</td></tr>
<tr><td>می در آید دزد از آن سو کایمنی</td><td>هرچه تحصیلی کنی ای معتنی</td></tr>
<tr><td>دست اندر کاله بهتر زند</td><td>بار بازرگان چو در آب اوفتد</td></tr>
<tr><td>ترک کمتر گوی و بهتر را بیاب</td><td>چونکه چیزی فوت خواهد شد در آب</td></tr>
</table>

غزل ۵۱۵

تو خود دانی که من بی تو عدم باشم عدم باشم   عدم خود قابل هست است از آن هم نیز کم باشم

چو زان یوسف جدا مانم، یقین در بیتِ احزانم   حریفِ ظنِّ بد باشم، ندیم هر ندم باشم

ببندم گردنِ غم را چو اشتر می‌کشم هر جا   به جز خارش ننوشانم چو در باغ ارم باشم

اگر طبّال اگر طبلم به لشکرگاهِ آن فضلم   ازاین تلوین چه غم دارم چو سلطان را حشم باشم؟

بگیرم خِرسِ فکرت را زَرَه رقصش بیاموزم   به هنگامه‌یِ بُتان آرم زِ رقصش مغتنم باشم

چو شمعی‌ام که بی‌گفتن نُمایم نقشِ هر چیزی   مکن اندیشـهٔ کژمژ که غمّاز رقم باشم

خمش باشم تُرش باشم به قاصد تا بگوید او: «خمش چونی؟ تُرش چونی؟ تو را چون من صنم باشم»

غزل ۴۹۶

مُرده بُدَم زنده شدم، گریه بدم خنده شدم — دولتِ عشق آمد و من دولتِ پاینده شدم

دیدهٔ سیر است مرا، جانِ دلیر است مرا — زَهرهٔ شیر است مرا، زُهرهٔ تابنده شدم

گفت که «دیوانه‌نئی، لایقِ این خانه‌نئی.» — رفتم دیوانه شدم سلسله‌بندنده شدم

گفت که «سرمستی‌نئی، زوکه ازاین دست‌نئی.» — رفتم و سرمست شدم وزطرب آکنده شدم

گفت که «تو کُشته‌نئی، در طرب آغشته‌نئی.» — پیشِ رخِ زنده‌کُنَش کشته و افکنده شدم

گفت که «تو زیرککی، مستِ خیالیّ و شکی.» — گول شدم، هول شدم، وزهمه برکنده شدم

گفت که «تو شمع شدی، قبلهٔ این جمع شدی.» — جمع نیم، شمع نیم، دود پراکنده شدم

گفت که «شیخیّ و سَری، پیشرو و راهبری.» — شیخ نیم، پیش نیم، امرِ تو را بنده شدم

گفت که «با بال و پری، من پرو بالت ندهم.» — در هوسِ بال و پرش بی‌پر و پرکنده شدم

گفت مرا دولتِ نو: «راه مرو، رنجه مشو — زان که من از لطف و کرم سوی تو آینده شدم»

گفت مرا عشقِ کَهُن: «از برِ ما نقْل مکن.» — گفتم: «آری نکنم، ساکن و باشنده شدم»

چشمه خورشید تویی، سایه گه بید منم — چون که زدی بر سرِ من، پست و گُدازنده شدم

تابشِ جان یافت دلم، واشد و بشکافت دلم — اطلسِ نو بافتِ دلم، دشمنِ این ژنده شدم

صورتِ جان، وقتِ سحر، لاف همی زد ز بطر — بنده و خربنده بُدم، شاه و خداونده شدم

شُکر کند کاغذ تو از شکَرِ بیحدِ تو — کامد او در برِ من، با وی ماننده شدم

شُکر کند خاکِ دُژَم، از فلک و چرخ بخم — کز نظر و گردشِ و نورِ پذیرنده شدم

شُکر کند چرخِ فلک، از مَلِک و مُلک و مَلَک — کز کرم و بخششِ او روشن بخشنده شدم

شُکر کند عارفِ حق کز همه بردیم سَبَق — بر زبَرِ هفت طبق، اختر رخشنده شدم

از تو ای ام ای شُهره قمر، در من و در خود بنگر — کز اثرِ خندهٔ تو گلشنِ خندنده شدم

باش چو شطرنج روانِ خامش و خود جمله زبان — کز رخ آن شاهِ جهان فرّخ و فرخنده شدم

غزل ۴۹۴

بازآمدم، بازآمدم، از پیشِ آن یار آمدم   درمن نگر، درمن نگر، بهرِ تو غمخوار آمدم

شادآمدم، شادآمدم، از جمله آزاد آمدم   چندین هزاران سال شد تا من به گفتار آمدم

آنجا روم، آنجا روم، بالا بُدم، بالا روم   بازم رهان، بازم رهان، کاینجا به زنهار آمدم

من مرغِ لاهوتی بُدم، دیدی که ناسوتی شدم؟   دامش ندیدم، ناگهان دروی گرفتار آمدم

من نورِ پاکم، ای پسر، نه مشتِ خاکم مختصر   آخر صدف من نیستم، من دُرِّ شهوار آمدم

ما را به چشمِ سَر مبین، ما را به چشمِ سِر ببین   آنجا بیا، ما را ببین، کاینجا سبکبار آمدم

از چارمادر برترم وز هفت آبا نیز هم   من گوهرِ کانی بُدم کاینجا به دیدار آمدم

یارم به بازار آمده‌ست، چالاک و هشیار آمده‌ست   ورنه، به بازارم چه کار؟ وی را طلب کار آمدم

ای شمس تبریزی، نظر در کُلِّ عالم کی کنی؟   کاندر بیابانِ فنا جان و دل افگار آمدم

مثنوی۲: ۱۴۸۴ - ۱۴۶۵

گفــت شـاهی شـیخ را انـدر سـخن
چیزی از بخشش ز مـن درخواست کن

گفـت ای شـه شـرم نایـد مـر تـرا
کـه چنیـن گویـی مـرا؟ زیـن برتـر آ

مـن دو بنـده دارم و ایشـان حقیـر
وآن دو بـر تـو حاکماننـد و امیـر

گفت شـه آن دو چهاند؟ این زلّتست
گفت آن یـک خشم و دیگـر شهوتست

شـاه آن دان کـو ز شـاهی فارغـست
بـی مـه و خورشـید، نورش بازغسـت

مخزن آن دارد که مخزن ذات اوسـت
هسـتی او دارد که با هسـتی عدوسـت

خواجـه لقمان به ظاهـر خواجهوش
در حقیقت بنـده، لقمان خواجهاش

در جهان بازگونـه زیـن بسیـست
در نظرشـان گوهری کم از خسیـست

مـر بیابـان را مفـازه نـام شـد
نـام و رنگـی عقلشـان را دام شـد

یک گره را خود معرّف جامه اسـت
در قبـا گوینـد کـو از عامه اسـت

یـک گـره را ظاهـر سـالوس زهـد
نـور بایـد تـا بـود جاسـوس زهـد

نـور بایـد پـاک از تقلیـد و غـول
تـا شناسـد مـرد را بی فعل و قول

در روذ در قلـب او از راه عقـل
نقـد او بینـد نباشـد بنـد نقـل

بنـدگان خـاص علّام الغیـوب
در جهـان جـان جواسیس القلوب

در درون دل در آیـد چـون خیـال
پیـش او مکشـوف باشـد سـرّ حال

در تن گنجشک چیست از برگ و سـاز
کـه شـود پوشـیده آن بر عقل باز؟

آنکـه واقـف گشـت بـر اسـرار هو
سـرّ مخلوقـات چـه بود پیـش او؟

آنکه بـر افـلاک رفتـارش بـود
بـر زمیـن رفتـن چه دشـوارش بود؟

در کـف داوود کآهـن گشـت مـوم
مـوم چـه بـود در کـف او ای ظلوم؟

غزل ۸۷۹

دیدم نگار خود را، می‌گشت گرد خانه   برداشـته ربابـی، می‌زد یکـی ترانه

بـا زخمه چو آتش، میزد ترانهٔ خوش   مست و خراب و دلکش از بادهٔ مُغانه

در پـردهٔ عراقی می‌زد به نام ساقی   مقصود باده بودش، ساقی بُدش بهانه

ساقیِ ماهرویی، در دستِ او سبویی   از گوشـه‌ای درآمد، بنهـاد در میانه

پر کـرد جـام اوّل، زان باده مُشَعَّل   در آب هیچ دیدی کآتش زند زبانه؟

بر کف نهاده آن را، از بهر دلستان را   آنگه بکرد سـجده، بوسـید آسـتانه

بسـتد نگار از وی، اندرکشید آن می   شد شعله‌ها از آن می، بر روی او دوانه

می‌دید حُسن خود را، می‌گفت چشم بدرا: «نی بودونی بیاید، چون من درین زمانه»

غزل ۶۷۵

عشـق تو آورد قدح پـر ز بلای دل من
داد می معرفتش، با تو بگویم صفتش:
از طرفی روح امین آمد و ما مست چنین
گفت که «ای سرّ خدا، روی به هرکس منما.»
گفتم: «خود آن نشود، عشق تو پنهان نشود
عشق چو خون خواره شود، رستم بیچاره شود
شاد دمی کان شه من آید در خرگه من
گویدک «افسرده شدی بی من و پژمرده شدی
گویم ک «آن لطف تو کو؟ بنده خود را تو بجو
گویم: «ای داده دوا، لایق هر رنج و عنا
میوه هر شاخ و شجر هست گوای دل او

گفتم: «می می نخورم.» گفت: «برای دل من»
تلخ و گوارنده و خوش، همچو وفای دل من
پیش دویدم که ببین کار و کیای دل من
شـکر خدا کرد و ثنا بهر لقای دل من
چیست که آن پرده شود پیش صفای دل من»
کوه احد پاره شود؛ آه! چه جای دل من؟
باز گشـاید به کـرم بند قبـای دل من
پیش تـرآ، تا بزند بر تو هوای دل من»
کیست که داند جز تو بند و گشای دل من»
نیست مرا جز تو دوا، ای تو دوای دل من»
روی چو زر، اشک چو دُر، هست گوای دل من

غزل ۵۴۵

امروز، مها، خویش ز بیگانه ندانیم   مستیم بدان حد که ره خانه ندانیم

در عشق تو از عاقله عقل برستیم   جز حالت شوریده دیوانه ندانیم

در باغ بجز عکس رخ دوست نبینیم   وز شاخ بجز حالت مستانه ندانیم

گفتند: «در این دام یکی دانه نهاده‌ست.»   در دام چنانیم که ما دانه ندانیم

امروز از این نکته و افسانه مخوانید   کافسون نپذیرد دل و افسانه ندانیم

چون شانه در آن زلف چنان رفت دل ما   کز بیخودی از زلف تو تا شانه ندانیم

باده ده و کم پرس که چندم قدح است این   کز یاد تو ما باده ز پیمانه ندانیم

مثنوی۲: ۳۲۳ ـ ۳۰۳

همچو دانه کشت کرده ریگ در	آلـت زرگــر بــه دسـت کفشـگر
پیش سگ که، استخوان در پیش خر	و آلـت اسـکاف پیـش بـرزگـر
بـود انااللّـه در لـب فرعـون زور	بـود انااالحـق در لـب منصـور نور
شد عصا اندرکف ساحر هبا	شد عصا انـدرکف موسـی گوا
در نیاموزید آن اسـم صمـد	زین سبب عیسـی بدان همراه خود
سنگ بر گل زن تو، آتش کی جهد؟	کـو نـدانـد، نقـص بـر آلـت نهد
جفت باید، جفت شـرط زادنسـت	دسـت و آلت همچـو سنگ و آهنست
در عدد شکّست و آن یک بی‌شکیست	آنکه بی جفتست و بی آلت یکیست
متّفـق باشـند در واحـد یقیـن	آنکه دوگفت و سه‌گفت و بیش ازین
دو ســه گویـان هم یکی گویان شوند	احـولی چون دفع شد، یکسان شوند
گـرد بـر میگـرد از چـوگان او	گر یکـی گویـی تـو در میـدان او
کو ز زخم دسـت شـه رقصان شود	گوی آنگه راست و بی نقصان شود
داروی دیـده بکـش از راه گـوش	گوش دار ای احـول اینها را بهوش
می‌نپایـد، مـی‌رود تـا اصـل نور	پـس کلام پـاک در دلهـای کور
مـی‌رود چون کفش کـژ در پای کژ	وان فسـون دیـو در دلهـای کـژ
چون تـو نـااهلی، شـود از تو بری	گرچه حکمـت را به تکـرار آوری
ورچـه می‌لافی، بیانـش می‌کنی	ورچـه بنویسـی، نشـانش می‌کنی
بندهـا را بگسـلد وز تـو گریـز	او ز تـو رو درکشـد ای پر ستیز
علـم باشـد مـرغ دسـت‌آموز تو	ور نخوانـی و ببینـد سـوز تـو
همچـو طاووسی به خانه روستا	او نپایـد پیش هـر نـااوستا

غزل ۲۳۰

دراین عشق چو مُردید، همه روح پذیرید	بمیرید، بمیرید، در این عشق بمیرید
کزین خاک برآیید، سـماوات بگیرید	بمیرید، بمیرید، وزین مرگ مترسـید
که این نفس چو بنداست و شما همچو اسیرید	بمیرید، بمیرید، و زیـن نفس بِبُرّید
چو زندان بشکستید همه شاه و امیرید	یکی تیشه بگیرید پـی حفرهٔ زندان
بر شاه چو مُردید، همه شاه و شهیرید	بمیریـد، بمیریـد، به پیش شـهِ زیبا
چو زین ابر برآیید، همه بدرِ منیرید	بمیریـد، بمیریـد، وزین ابـر برآیید
هم از زندگی است این که ز خاموش نفیرید	خموشید، خموشید، خموشیِ دمِ مرگ است

غزل ۱۸۸

آب زنید راه را هین که نگار می‌رسد

راه دهیـد یار را، آن مَـه دَه چهار را

چاک شد دستِ آسمان، غلغله‌ای‌ست در جهان

رونقِ باغ می‌رسد، چشم و چراغ می‌رسد

تیر روانه می‌رود، سوی نشانه می‌رود

باغ سـلام می‌کند، سرو قیام می‌کند

خلوتیانِ آسمان تا چه شراب می‌خورند!

چون بر سیِ به کویِ ما، خامشی است خویِ ما

مژده دهید باغ را بویِ بهار می‌رسد

کز رخ نوربخشِ او نوژ نثار می‌رسد

عنبر و مشک می‌دمد، سَنجُقِ یار می‌رسد

غم به کناره می‌رود، مه به کنار می‌رسد

ما چه نشسته‌ایم پس؟ شه ز شکار می‌رسد

سبزه پیاده می‌رود، غنچه سوار می‌رسد

روح خراب و مست شد، عقل خمار می‌رسد

زان که ز گفت و گویِ ما، گرد و غبار می‌رسد

غزل ۱۲۳

وان که بیرون کند از جان و دلم دست کجاست؟	آن که بی باده کند جانِ مرا مست کجاست
وان که سوگندِ من و توبه‌ام اشکست کجاست؟	وان که سوگند خورم جز به سرِ او نخورم
وان که ما را غمش از جای ببرد دست کجاست؟	وان که جان‌ها به سحر نعره‌زنان‌اند از او
این که جامی طلبد در تنِ ما هست کجاست؟	جانِ جان‌است، وگر جای ندارد چه عجب؟
وان که در پرده چنین پردهٔ دل بست کجاست؟	پردهٔ روشنِ دل بست و خیالات نمود
وان که او مست شد، از چون و چرا رَست، کجاست؟	عقل تا مست نشد، چون و چرا پست نشد

۵۴

مثنوی ۳: ۱۲۷۵ – ۱۲۵۹

عرضه را آورده بودنـدش هنـود	پیـل انـدر خانـه تاریـک بـود
اندر آن ظلمت همی‌شـد هرکسـی	از بـرای دیدنـش مـردم بسـی
انـدر آن تاریکیش کف می‌بسـود	دیدنش با چشـم چون ممکن نبود
گفت همچون ناودانسـت این نهاد	آن یکـی را کف بـه خرطوم اوفتاد
آن بـرو چـون بادبیزن شـد پدید	آن یکی را دست بر گوشش رسید
گفت شـکل پیل دیـدم چون عمود	آن یکی را کف چو بر پایش بسـود
گفت خود این پیل تختی بدست	آن یکی بر پشـت او بنهاد دسـت
فهـم آن می‌کـرد هر جا می‌شـنید	همچنین هر یک به جزوی که رسید
آن یکی دالش لقب داد این الف	از نظرگـه گفتنـشان شـد مختلف
اختلاف از گفتنشـان بیرون شـدی	در کـف هر کس اگر شـمعی بدی
نیسـت کف را بر همه او دسـترس	چشم حس همچون کف دستست و بس
کـف بهـل و ز دیـده دریـا نگـر	چشـم دریا دیگرسـت و کف دگر
کـف همی‌بینـی و دریـا نه عجب	جنبـش کفهـا ز دریا روز و شـب
تیـره چشـمیم و در آب روشـنیم	مـا چو کشـتیها بهـم بـر می‌زنیم
آب را دیـدی، نگـر در آب آب	ای تو در کشـتیٔ تن رفته به خواب
روح را روحیسـت کو می‌خواندش	آب را آبیسـت کـو می‌رانـدش

غزل ۲۲

یـار مرا غـار مرا، عشـقِ جگرخوار مرا   یارتویی، غارتویی، خواجه! نگهدارمرا

نوح تویی، روح تویی، فاتح و مفتوح تویی   سـینهٔ مشـروح تویی، پُر دُرِ اسرار مرا

نورتویی، سورتویی، دولتِ منصورتویی   مرغِ کُهِ طور تویی، خسته به منقار مرا

قطره تویی، بحرتویی، لطف تویی، قهرتویی   قنــد تویی، زهر تویی، بیش میازار مرا

حجرهٔ خورشید تویی، خانه ناهید تویی   روضهٔ اومید تویـی، راه ده ای یار مرا

روزتویی، روزه تویی، حاصلِ دریوزه تویی   آب تویی، کوزه تویی، آب ده این بار مرا

دانه تویی، دام تویی، باده تویی، جام تویی   پخته تویی، خام تویی، خام بمگذار مرا

این تن اگر کم تَنَدی راهِ دلم کم زندی   راه شــدی، تا نبدی این همه گفتار مرا

مثنوی ۵: ۱۹۱۸–۱۸۹۴

کیـف یـاتـی النّظـم لـی والقـافیه	بعـد مـا ضـاعـت اصـول العـافیه
مـا جنون واحـد لـی فـی الشّجـون	بل جنـون فـی جنـون فـی جنـون
ذاب جسـمـی من اشـارات الکـنی	منـذ عـایـنـت البقـاء فـی الفنـا
ای ایاز از عشـق تـو گشتـم چو مـوی	مـاندم از قصّـه، تـو قصّـه من بگـوی
بس فسـانه عشق تو خوانـدم به جان	تو مـرا کـافسـانه گشتنـتم، بخـوان
خود تو می‌خوانی نه من ای مقتدی	من که طـورم تو موسـی وین صدا
کوه بیچـاره چه داند گفت چیست؟	زانکه موسـی می‌بـداند که تهیست
کـوه می‌دانـد بـه قدر خویشـتن	اندکی دارد ز لطـف روح تـن
تن چو اصطرلاب باشـد ز احتسـاب	آیتـی از روح همچـون آفتـاب

...

جان کز اصطرلاب جویـد او صواب	چه قدر دانـد ز چـرخ و آفتـاب؟
تـو که زاصطرلاب دیـده بنگری	درجهـان دیدن یقیـن بس قاصری
تو جهـان را قـدر دیـده دیـده‌ای	کـو جهـان، سبلت چرا مالیده‌ای؟
عـارفان را سرمه‌ای هست آن بجوی	تا که دریا گردد این چشم چو جوی
ذرّه‌ای از عقل و هوش ار بامنست	این چه سـودا و پریشان گفتنست؟
چونکه مغز من ز عقل و هش تهیست	پس گناه من درین تخلیط چیست؟
نه گنـاه اوراست که عقلم ببرد	عقل جمله عاقلان پیشـش بمرد
یـا مجیر العقـل فتّـان الحجی	مـا سـواک للعقـول مرتجـی
مـا اشتهیت العقل مـذ جنّنتنی	مـا حسـدت الحسن مـذ زیّنتنی
هل جنونـی فی هواک مستطاب	قل بلـی واللّه یجـزیـک الثّواب
گر بـه تـازی گوید او ور پارسی	گوش و هوشی کو که در فهمش رسی؟

باده او درخــور هر هوش نیســت   حلقــه او ســخره هر گوش نیســت

بــاز دیگــر آمــدم دیوانــه‌وار   رو رو ای جــان زود زنجیــری بیار

غیــر آن زنجیــر زلــف دلبــرم   گــر دو صد زنجیــر آری، بــردرم

Speak Only of the Moon

A New Translation of
RUMI

E.D. Blodgett
Manijeh Mannani